赢在模式

王雪英 著

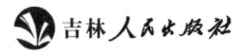

吉林人民出版社

图书在版编目（CIP）数据

赢在模式／王雪英著. -- 长春：吉林人民出版社，2023.5

ISBN 978-7-206-20026-7

Ⅰ. ①赢… Ⅱ. ①王… Ⅲ. ①小学语文课-课堂教学-教学模式-研究 Ⅳ. ①G623. 202

中国国家版本馆 CIP 数据核字（2023）第 113107 号

赢在模式
YING ZAI MOSHI

著　　者：王雪英	
责任编辑：孙　一	装帧设计：书香力扬
出版发行：吉林人民出版社（长春市人民大街 7548 号　邮政编码：130022）	
印　　刷：四川科德彩色数码科技有限公司	
开　　本：880mm×1230mm　1/32	
印　　张：8.125	字　　数：206 千字
标准书号：ISBN 978-7-206-20026-7	
版　　次：2023 年 6 月第 1 版	印　　次：2023 年 6 月第 1 次印刷
定　　价：58.00 元	

如发现印装质量问题，影响阅读，请与出版社联系调换

自　序

游戏只是形式，
心理健康教育融入语文教学才是目的

2001年10月，我响应学校号召，参加了浙江省高等教育自学考试，并顺利通过了《学校心理咨询与辅导》和《人际关系心理学》这两门有关心理健康教育课程的考试。从此，与心理健康教育结下了不解之缘。2003年，40岁的我，走上了心理健康教育本科学历的"自考"之路。我的专科是中文而非心理学，需要加考三门课程，我估计自己难以通过英语这门课，故又要加考三门课程，所以，拿到心理健康教育专业的本科学历证书，我总共通过了18门课程的考试。

我一直用"两条腿"走我的自学之路：一是学习领悟；二是学以致用。

学习领悟，即理清学到的心理学理论知识，内化于心。如：期望理论、需要层次理论、强化学习理论、归因理论、社会学习理论、合作理论、游戏理论、团体辅导理论、积极心理学理论、社会文化观、认知行为疗法……这些理论都成了我实践探索的工具。

　　学以致用，就是边学边用，边用边总结，把学到的理论知识尝试着应用到语文教学实践中，观察应用后的效果，发现问题及时调整，并进行反思和总结，不断探索规律。

　　这样，从理论到实践，又从实践到理论，使我做的教改项目、课题研究及撰写的论文等，多次获得省、市、区的一、二、三等奖。其中，《刍议心理健康教育与小学语文教学的整合》《在合作作文中培养学生健康的心理》《编写童话，心理健康教育的一朵奇葩》《精读，从文字走向生命！——心理健康教育视野下的阅读教学》等多篇论文发表在《中小学心理健康教育》等杂志上。

　　2008年7月，我送走了最后一届学习"老教材"的毕业生，9月接手了第一个新教材教学班，其实这个新教材已经使用到第6个年头了。2008到2011的三个学年中，我做了两件事：让学生学会自主管理自己的学业成绩；初步完成《综合性学习》单元教学的课堂游戏化模式探索。

　　2011年9月到2014年7月，在第二个教学班的教学实践中，我进一步完善了上一届实践探索的成果，基本完成了对口语交际与习作、回顾·拓展和课文第一教时（初读）、第二教时（深读）的课堂游戏化教学模式的探索工作。

　　2014年9月至2017年7月，在第三个教学班的教学实践中，我继续完善前两届课堂游戏化教学模式的探索成果，摸索到了一套比较完整的高段语文课堂游戏化教学模式。

　　2017年下半年，在第四个教学班的教学实践中，我继续灵活使用前几届的探索成果，至2019年初学期结束。2019年2月，我正式退休。

　　10年半的语文教学实践探索，我实现了探索一套完整的高段语文课堂游戏化教学模式的目标,我把这种课堂教学模式称为"语文课堂游戏化教学模式"。

"语文课堂游戏化教学模式"的宗旨就是把心理健康教育融入语文教学中。

"语文课堂游戏化教学模式"的特点是:在团体辅导框架下,让学生用体验式学习方式学习语文。

首先,每个学生都有一个属于自己的团队,在团队内与队友们一起合作,共同完成团队目标,同时与其他团队进行游戏化的竞争。这是课堂学习的形式。

这种课堂学习形式充分利用了规则游戏的竞争性特点,唤起学生的积极情感。其实语文游戏是一项艰苦的工作,成功和失败给学生以双重刺激,有喜有忧的紧张感让他们的神经始终不能松弛下来,但它激活了与快乐相关的所有神经系统和生理系统——注意力系统、激励中心、动机系统以及情绪和记忆中心,让他们感到兴奋,感到满足,感到成功,感到自豪,感到幸福,感到有意义。

其次,进行项目式学习,综合性学习、口语交际和习作、回顾·拓展和课文第一教时(初读)、课文第二教时(深读)等,不管哪一个项目,从课前的预习、准备,到课堂中的展示、表演,再到展示后的评价、反馈,都围绕学习项目的要求开展活动。这是课堂学习的内容。

这些学习项目任务的完成,或是在玩中,或是在做中,或是在活动中进行。学生在积累和运用语言的同时,进行着文化自信的渗透、思维能力的训练、审美能力的提升、创造能力的培养。最终让学生形成正确的价值观、必备的品格和关键的能力,全面提升语文课程的核心素养。

再是在教学行为上，讲台是学生展示的舞台，教师则在教室的任一位置，与学生一起互动，时而示范引领，时而陪伴帮助，时而鼓励推动。这是课堂的师生关系。

这种互相平等、互相尊重的师生关系，给学生以自由和自主，他们积极参与，全身心投入，快乐互动。团队学习环境，培养了学生的合作能力；课堂展示的学习方式，增强了学生自主学习的动机；个体对学习活动的多元体验，提升了学习品质，发展了个性潜能。由此，团队凝聚力在合作互助中增强，个体内驱力在目标追求中激发，创造力在思维碰撞中发展，竞争力在奋力拼搏中提升。

这是一种可操作性强且意义深远的课堂教学模式，最基本的元素有三：团队、目标、强化物。这三种元素的有机组合，可以实现"玩"和"学"的有效结合，"团队学习"和"个体学习"的有效结合，"心育"和"智育"的有效结合。基本操作方法是：老师把语文学习的内容设置成"游戏项目"，若干个团队按规则"玩"，合作，拼搏，竞争，用得到的强化物兑换目标的实现。

总之，游戏只是形式，心理健康教育融入语文教学才是目的。这种课堂教学模式充分体现了语文新课程标准的基本理念：学习方式自主、合作、探究；课堂开放而有活力；学生的语文素养全面提高。同时赋予学生健康的心理：认识并喜欢自己，欣赏并学习他人，自主并热爱学习，自尊并相信自己，合群并乐于分享，尽责并勇于担当，创新并不畏艰难……

学生们都深深喜爱这种学习方式，喜爱它带来的愉悦，喜爱它带来的价值，更喜爱它带来的对人生的启迪。他们始终保持强烈的学习兴趣和高涨的学习热情，每一节语文课，都用期盼的眼神相迎，都用满足的心情相送。

我也非常享受这种课堂教学的美好。美好的学生，在美好的童年，给了我最好的陪伴；美好的教材，文道相宜，是我们最好的老师；美好的语言文字，听说读写，是我们最好的玩具；美好的教室，有爱有笑，有惊有喜，有苦有乐，是我们最好的游乐场。

在此诚挚地一并感谢2011年毕业的六（10）班56位同学，2014年毕业的六（6）班56位同学，2017年毕业的六（5）班53位同学，2019年退休前的五（2）班45位同学，你们的学习热情和活动激情深深地感动了我，让我在实践探索的道路上一直乐在其中，成为一个非常非常幸福的语文老师！

美好的东西应该与大家分享。退休后，我整理了2008年至2018年的教学资料，选取了68个有代表性的个案故事（隐去了部分学生的真名）。这些故事都是学生的亲身经历，除了再现当时的课堂情景，更有个案真实的心理体验，对此，我把一些心理学概念、理论、原理、机制和操作方法随机穿插其中，进行有心理健康教育意义的分析。希望能为心理健康教育知识的传播尽力所能及的力量。

需要说明的是：在四个教学班长达10年半的实践探索中，语文教材基本没有变化，因此本书中个案故事的编排顺序是从教材系统，而非教学班系统。

本书初稿完成时，取一个什么书名，有过很多的选择：《游戏化教育》？《玩语文，说心育》？《我们一起玩语文》？《乐学课堂为心灵护航》？总觉得不尽如人意。

一日，在翻阅曾经拍摄的照片时，一张小组照深深地触动了我——全组同学为赢得了胜利而欢呼雀跃——照片拍得并不专业，但幸福已被牢牢定格。从语文教学和心理健康教育相融合的理念产生，到课堂教学活动形式的设计，再到教学效果的取得，我的初心不就是为了让每个学生都成为赢家吗？

　　第一层次是游戏层面的赢家，每个学生都参与了，都学到了，都开心了，无论游戏的结果是输还是赢，人人都是赢家。第二层次是心理层面的赢家，每个学生都行动了，都体验了，都领悟了，心理变强大了，就是赢家。第三层次是生命层面的赢家，每个学生都发展了，都成长了，都变成熟了，就是最大的赢家。

　　故此书名为《赢在模式》。

目录
CONTENTS

游戏模式一　综合性学习   001
  综合性学习　我体验   001
  童话，为儿童生命成长注入心理资本。   012
  竞猜，发展学生人格的开放性和尽责性。   019
  实践：明确角色意义，提升活动价值。   024
  "乐之"，游戏化学习带来积极的情感体验。   026
  接纳自己，完善自己。   031
  自主学习，像美食一样可口。   033
  计划，有效提高执行力。   037
  学会合作，互相支持，成就彼此。   039
  输了，也没有什么好遗憾的。   042

游戏模式二　口语交际   046
  口语交际　我演讲   046

目标凝聚团队，规则培养习惯，反馈呈现距离，自愿即是参与。 054

荣耀，与学习产生美好链接。 057

纳奇斯，骄傲着他人的骄傲。 060

互评作文，了解别人，认识自己。 063

观察学习，学到的都是精华。 066

辩论，提升思维的品质。 069

个人成长是团队目标的"靶心"。 072

"我那亲爱的口语交际"——心流的状态。 075

在反思中学习和成长。 079

团体会产生社会惰化，团体也能产生社会助长。 083

量化评估，具体化地辨认课堂学习状态。 086

合作作文，技能交换进行时。 089

游戏模式三　回顾·拓展　　095

回顾·拓展　我分享 095

指导性参与——成就同伴，更成就自己。 103

满足成就动机，体验成就感。 109

多感官参与注意，增强学习效果。 111

自主管理作业的味道是开心。 113

行动提升能力，获得归属感。 116

成就感是对勤奋学习的最佳奖励。 118

合作分享，共同成长。 122

在自主学习中发展自我。 129

自主学习，各得其所。 132

游戏模式四　初读课文　　　　　　　　　　137

　　初读课文　我展示　　　　　　　　　　　137

　　领导力在成熟团队中彰显魅力。　　　　　148

　　合作是对信任的承诺。　　　　　　　　　150

　　欣赏他人，成就自己。　　　　　　　　　153

　　强化物是塑造行为的最有效的工具。　　　155

　　学习热情磨砺学习意志。　　　　　　　　158

　　仁爱照亮学习的道路。　　　　　　　　　161

　　自信心可以从多途径获得。　　　　　　　163

　　展示的，是最好的自己。　　　　　　　　166

　　谨慎，个体稳定健康地发展。　　　　　　169

　　创新需要有积极的情绪状态。　　　　　　173

　　心理阴影促使自我成长。　　　　　　　　175

　　身后有团队，幸福感倍增。　　　　　　　177

　　10分制给自己打分，知觉评估和量化。　　181

游戏模式五　深读课文　　　　　　　　　　188

　　深读课文　我领悟　　　　　　　　　　　188

　　"被大家表扬的感觉真爽！"　　　　　　　205

　　默契，打造完美的团队。　　　　　　　　209

　　暴露减轻焦虑，行为改变观念。　　　　　212

　　峰值体验，刻骨铭心。　　　　　　　　　215

　　自豪感让学习"上瘾"。　　　　　　　　　218

　　拥有正义感的学习，更让人心满意足。　　220

快乐学习的秘诀——成功来之不易。 223
挑战艰苦,斗志昂扬。 225
"重要的是过程,而不是结果。" 229
动机影响人愿意投入学习的时间。 232
新版本,新刺激,高热情,高效率。 236
幸福学习的最高形式:紧张、快乐的投入+情绪奖励。 240

参考文献 244

游戏模式一 综合性学习

综合性学习 我体验

2008年秋,我任教四(10)班的语文,第一次教当时的"新教材",发现"新教材"与"老教材"最大的区别是"新教材"有综合性学习,而且到五年级有整个单元的综合性学习。综合性学习的游戏化教育探索是从这个教学班开始的,之后又有三个教学班的实践,探索的结果主要有两个:一是"引导";二是"开放"。老师只要把握好"引导"与"开放"的度,就能使活动进行得有声有色。所谓"引导",就是老师要让学生明确综合性学习的目的,指导学生制订好计划,安排好活动的进度与过程,落实好参与人员的任务。所谓"开放",就是在活动过程中,学生朝着预定的目标,自主选择内容和方法,发挥各自的特长,灵活处理活动细节,有自由合作与交流的时间和空间,最终达到综合性学习的目标。

合作是综合性学习的主要学习方式,为了让活动有序开展,对合作学习的指导十分重要。首先是组建合作的团队,在尊重学生意愿的基础上,结合学生个体的实际情况,通过老师指派和学生以自主的形式进行组合，将全班学生组织成若干个最优化的学习小组。

图为《综合性学习：轻扣诗歌的大门》学习小组——六（5）班向阳花之队的自画像

每个小组都有自己命名的队名，都有富有激情的口号，如在"诗集展评"课中，老师把全班 8 个团队的队名组合成一首诗，作为这次活动的总结语：

最好的 5 班

精美的诗集，是我们智慧的结晶，是独一无二的杰作。
精彩的展示，是我们合作的成果，是无与伦比的演出。
火星情报局：一路向前冲！
银河探索小队：让银河中最亮的那颗星照亮我们前行之路！
Sunshine：有我们的地方，就有灿烂的阳光！
乾坤战队：文能提笔安天下，武能上马定乾坤！

向阳花之队：向阳在手，天下我有！

X 战队：打破未知，开创未来！

天的梦想：我们会做追梦人，我们会让梦飞扬！

极星：我们是天空中最亮的星！

合作中，我们携手支持，开拓奋进。

竞争中，我们不畏艰难，勇于创新。

这就是我们——最好的（5）班。

在明确综合性学习目标后，老师先给出一个具体的计划。如《遨游汉字王国》整个单元老师是这样安排的：

日期	星期	内容	学习方式
11月12日	星期四	订计划（第一部分）	各组讨论，组长牵头
11月13日	星期五	学习阅读材料一	预习成果展示
11月16日	星期一	猜字谜、歇后语	8个组两两PK
11月17日	星期二	汉字的来历（汉字的演变）	PPT展示
11月17日	星期二	订计划（第二部分）	各组讨论，制定具体计划。
11月18日	星期三	学习阅读材料二	预习成果展示
11月19日	星期四	讲谐音笑话或错别字危害的故事	口语交际
11月20日	星期五	书法欣赏	邀请颜老师
11月23日	星期一	写字比赛	学期写字成绩评价
11月24日	星期二	交流错别字调查报告	各组成果展示
11月24日	星期二	活动总结	单元作文

注：星期二有两节语文课。

之后指导各组制订一个具体的、切实可行的活动计划，使小组成员明确活动的时间、内容、方式和分工，确保活动有序开展。

综合性学习活动的开展可以在课上和课下两个时段进行。课上多以成果展示的方式进行，如《遨游汉字王国》包括在组内进行字谜和歇后语的筛选，及随后的组与组之间的对抗赛；《轻叩诗歌的大门》的诗歌知识竞赛，有诗歌朗诵会、诗歌欣赏、诗集展评等环节，通过生生互动，多渠道、大面积地交流各种信息，提高全班同学听、说、读、写的多种能力。课外则各自完成分工的任务，体验活动过程带来的种种感受。

活动的空间可以在学校，也可以在各自的家里，还可以在社区里，在大街上……如错别字调查报告，大家分头寻找，有的在作业本中找，有的去街头店面广告上找，而调查报告成果则在教室里展示。又如，六年级上《轻扣诗歌的大门》的"诗歌朗诵"，活动空间在学校，一有空，组长就把小组成员召集起来，进行排练，而之前的背诵则可以各自在家里完成。

自主学习是在目标的引领下，在合作的框架下进行的。在朝向目标的行为过程中，团队成员人人有作为，人人有体验，人人有收获，人人在成长，这样的学习环境非常适宜培养学生的合作能力。

大家好，今天有我来介绍我们小组的《成长故事集》。

人生旅途中，支持你内心世界的，会是一本书，一句饱含哲理的名言，一句素朴、简单的话或是一个美丽的故事，它们就像一滴滴甘露，浇开我们心田一朵朵智慧的花蕾，使我们豁然开朗，看见了纷繁的大千世界，学会了分辨美丑善恶。于是，就汇成了我们的《成长故事集》。

看！这封面上的六只可爱的小动物，就是我们小组的成员。

翻开《成长故事集》,有古今中外名人的成长故事,爱迪生坚定不移的钻研精神,鲁迅先生孜孜不倦的求学态度,周恩来总理舍己为人的高尚情操。他们都化作了激励我们成长的力量,赋予了我们奋斗的信念。

在这里,有我们亲人的成长故事,父母的关爱,长辈的期盼,他们已化作了我们成长的信心,给予我们面对挑战的勇气。

在这里,更有我们磕磕碰碰的成长故事,徐同学冬日里堆起了小雪人;时同学做了一个晚上的读书笔记;高同学在暑假里学自行车;王同学的图书馆经历;丁同学为妈妈捶背和陶同学贪玩的童年。他们都让我们回味无穷,也更让我们明白,成长是人生必须的经历。

图为个人制作的成长小报

我们会好好珍藏这本《成长故事集》,因为它承载着长辈们的殷切期盼,收藏着我们的喜怒哀乐,我们的生命会因此而更加美丽。

这是四年级上第二次综合性学习——《成长故事》成果展示时，一个同学为自己小组的《成长故事集》所做的介绍。这次展示，各组都派出了高手，可谓精英荟萃。同学们听着选手们的介绍，看着精彩纷呈的成长小报，大饱了耳福，大饱了眼福。班里有一位同学用摄像机把整个过程都拍摄了下来，留下了这美好的时光。后来这位同学的家长把录像发到了家长群里，所有的家长都见证了孩子们的成长，特别有意义。

这个故事发生在学期的后半程，此时团队已经比较成熟，它的凝聚力已经足够完成一件复杂的事。一般来说，一个团队的发展要经历四个阶段：创建期、磨合期、凝聚期和整合期。因为团队成员都是同班同学，只要有清晰的目标，团队可以平稳度过创建期和磨合期，加上目标引领下一系列活动的历练，团队很快就能进入凝聚期。凝聚期的团队，队员们都会齐心协力，努力去达成目标。成功了，大家激动不已；失败了，大家互相鼓励。可以这么说：活动是团队成长的摇篮，也是个体发展的平台。

这篇《向阳六"侠客"》说的是小作者所在团队的成长过程。

向阳六"侠客"

这学期开学第一天排座位的时候，我希望可以分在一个比较好的小组里，最好组员全是"学霸"。可是王老师才不会按我的想法来办呢！果然，我被分到了徐同学的组里，看看组员：范同学、于同学、吴同学，还有一个王同学。我真怕我们这个组撑不了多久。可是，过了一段时间，我却发现我们组就像是个侠客帮。组里的六个同学就是六个侠客，各有各的绝技。可以这么说，如果组里少了谁，我们每个人的成绩都会受到影响。

徐同学是我们的组长。我一开始以为他很凶，很爱发脾气，没想到他非常认真，把我们组带进了实力最强的小组排名中。他会做PPT，而且做得特别精美，我们都叫他PPT侠。因为有他做的PPT，每次预习成果展示，我们组总能赢得同学们的一致好评，得到课堂高分。

范同学博览群书，是个读书侠。她读过很多书，什么《朱自清散文集》《明朝那些事》《红楼梦》……书读得多，自然"腹有诗书气自华"，阅读成果展示课中，侃侃而谈的她理所当然地能为我们小组赚到最高分。

吴同学看起来好像是个不起眼的小人物，其实她是个作文侠。她写的日记，十分厉害，每次成绩不是10分，就是9.5分，大大提高了我们小组的作文成绩。如果没有她的次次高分，我们组的日记成绩会逊色很多。

王同学这个人，大家都觉得他比较淘气，不够认真，但他够大胆，堪称大胆侠。语文课上临场发挥特别好，什么课堂评价，什么听写背诵，他从来都不会失手。

于同学是专注侠，别看她平时安安静静的，厉害起来谁也敌不过她。她的执着，她的专注，她的从容，是很多人所没有的。

最后是我，大家叫我稳定侠，其实我哪有组里其他同学稳定呀。看看他们个个都这么强，都有比我好的地方，我都有点自愧不如了，我一定要迎头赶上啊！

也许我们每个人都不是最好的，但我们团结在一起，齐心协力，我们就是最好的向阳小队！

小作者开始并不看好这个组，"怕我们这个组撑不了多久"，到后来"我们就是最好的向阳小队"，是什么在起作用？是一系列的语文学习活动：预习成果展示、阅读成果展示、写日记、课堂评价、听写背诵等等，这些活动把每个人的特长都发挥了出来，为小组目标的实现做出了贡献。小组成员也因此更加互相欣赏，互相鼓励，互相团结。

在完成具有目标感的任务中，团队成员心往一处想，劲往一处使，团队逐渐走向成熟，凝聚力越来越强。"没有完美的个人，只有完美的团队。"完美的团队有底气面对许多学习上的困难，帮助个体有勇气去战胜自我，树立自信。

下学期开始，班级又组建了新的学习团队，同学们又开启新的征程，向新的目标前进。这样周而复始，螺旋上升，团队合作学习越来越有经验，每个成员的成长也在一步一个脚印地跟进。

综合性学习单元有一系列的实践活动，这些活动不仅让学生学会了合作，也学会了创新。

如，六年级上《轻叩诗歌的大门》的诗歌朗诵时，平时十分调皮的张同学，竟然会二胡。他花了整整一天时间，从许多二胡名曲中提取乐句，整合成新的曲子，为自己团队的朗诵配上悦耳的背景音乐。

又如，制作诗集时，各个团队队员都各显神通，搜集诗歌，摘录诗歌，欣赏诗歌，自己写诗，插图美化，封面设计，封底二维码、条形码，目录编排，装订成册，诗集定价……诗集的每一个角落都独具匠心，富有创意。

制作诗集的整个过程，所有成员都激情满怀，可谓是热火朝天，忙得不亦乐乎！最让人难忘的是用创新之举拿下第一的团队——用"有生之年3.0格莱丝"串讲诗集。小作者在六下的《综合性学习：难忘小学生活》中如是说：

梦的起点

不管是预习展示、阅读展示、口语交际，还是回顾拓展和综合性学习，从一开始的羞涩到后来的侃侃而谈，背后付出的是时间，更多的是汗水。

回忆六上的诗集展示，那是我一生都无法忘却的记忆。编写的诗歌小报，组合装订成册的诗集，都是时间和汗水的结晶。

光是个人的小报，我们组便比别的组慢了不止一拍。要求每个人做两张A4纸的小报，一看俞同学便知道是粗制滥造的，不仅内容简单，画功更是"棒棒的"，最后还是我帮了他一把，才在最后一天交了稿。再看韩同学平时吊儿郎当的，但态度挺认真的，但吊儿郎当还总是"有用"的，他的纸张不符合大小，我只好帮他扫描后再放大，打印了一份。杨同学的古诗和自创诗，图文都不错。陈同学非常好，确实是我们组的得力干将。陆同学很认真，在插图上我还是帮了一些小忙。苏同学第一天便完成了一张，但有点虎头蛇尾，拖延到最后一天才交齐稿。我制作的两张A4纸小报，一张全是席慕蓉的，一张则是根据主题自写的《木偶》。不管怎样，总算是做成了一本叫《风与海的诗》的诗集。

马上要介绍诗集了，我想让我们的诗集展示得更有风采一些。于是，我想到了《奇迹暖暖》中的"有生之年3.0格莱丝"，灵机一动，打算以格莱丝的出逃和旅程来串讲。

当天晚上在妈妈的催促声中，我终于完成PPT，又核了几遍，等待的便是明天中午了。我关了电脑，心里有着一种骄傲。

第二天中午，诗集展示。我是第三个上台展示的，走上讲台，点开伴奏和PPT，拿起诗集，开始介绍。

"格莱丝经过了许多地方,她把对这些地方的回忆编成了诗集。"我一说到格莱丝,台下的女同学便有了反响,"嘻嘻,不愧是奇迹暖暖的有生之年,这个效果不错。"我一边翻着诗集,一边点PPT。

"格莱丝离开了牢笼,离开了这个'家',她给主人留下了两首诗。《木偶》:我是一个可怜的木偶,不管怎样,都只博人一笑。我是一个可笑的木偶,强颜欢笑,都只为了博你一笑……"我进入了状态,为格莱丝笑,为格莱丝哭。旅途中,格莱斯有忧伤,有快乐,有无奈……这都是人生的常态。我用这个主题不仅仅只是为了效果,它更是我心中的另一面,是我要告诉大家的:人生总会有义无反顾,我们要做的,是无悔于它。

最后一张PPT了,我合上了诗集,鞠了一躬,说:"谢谢大家陪格莱丝度过她的旅程。"掌声响起,我走下讲台,心里五味杂陈:有高兴,有自豪,又有那么一丝不舍。

结果出来了,我们组得了第一名!我高兴极了,心想:我们的诗集内容并不出彩,但有创意的介绍,让诗集拥有了不一般的色彩!

语文课是我梦的起点,我要一步一步地往上走,永不停歇。

从四年级上册到六年级下册,教材一共安排了11次"综合性学习",具体内容为:

年级	内容
四上(第七册)	1. 走进童话世界 2. 成长的故事

续表

年级	内容
四下（第八册）	1. 大自然的启示 2. 走进田园，热爱乡村
五上（第九册）	1. 我爱读书 2. 第五单元：遨游汉字王国
五下（第十册）	1. 语言的魅力 2. 第六单元：走进信息世界
六上（第十一册）	1. 祖国在我心中 2. 第六单元：轻叩诗歌的大门
六下（第十二册）	1. 第六单元：难忘小学生活

一学期最多两次的综合性学习，循着"自主、合作、探究"的教学宗旨，我从多个层面做了尝试，主要的活动模式有：

1. 团队层面：组内合作，组间竞争。
2. 个体层面：各尽所能，尽显风采。
3. 人际层面：生生互动，取长补短。
4. 心理层面：自主创新，自信展示。
5. 学习层面：学做同步，学玩结合。

在四届学生，即四个教学班的实践探索中，我最想说的一句话：相信每个学生都有不可低估的潜能，只要我们老师搭建一个适合他们学习的平台，他们一定会回馈给我们一个精彩纷呈的世界！

更多的有关综合性学习的活动，请看后面的个案故事。

童话，为儿童生命成长注入心理资本。

个案故事1：演童话

"童话"，听到这个词语就会使人感到兴奋，如果再加上一个"演"字儿，那么我就吃兴奋剂了！没有想到，王老师在国庆节之前就给我们喝下了这杯"兴奋酒"——演童话剧。

我们演的是第三单元的童话课文，八个小组演四篇课文，也就是说，两个小组演同一篇课文，哪个小组演哪篇课文，由抽号决定。

我们组抽到了《巨人的花园》这篇课文，有好几个角色：旁白、巨人、孩子们（两个）、一个小男孩。我演旁白。旁白是什么呢？就是读课文叙述的部分。为了在演出中取得好成绩，每天晚上，我都规定自己务必好好地读上四五遍。

几天后，我们就得出演了。怎么才能让戏演得更加生动、幽默呢？应同学演"树"，我们让她演出那天穿上一件灰色树干似的衣服，然后……然后……呀，排演真辛苦！

今天就要演出了，大家兴奋、紧张、快乐的心情掺杂在一起，就像一锅又香又甜又酸又辣的杂味汤。不过最主要的还是紧张——我是第一次演出——全班同学的目光注视着，能不紧张吗？我那颗心呀，跳得好厉害，咚咚——咚咚——一直在跳！

我读旁白，为了显得有趣味，我今天特地穿白衣服——"旁白"不有个"白"字嘛？

钟同学演巨人，她个子小小的，可她像巨人一样演得凶巴巴的。为了弥补她那小个子与巨人的外形反差，你看——她身着一件她爸爸的大衣，戴了一顶高帽子，可爱极了，不过演出时，她比平时更凶了！

再看应同学这棵大树，啊哈哈！她身穿一件灰布衣，我念了一句："冬天雪花飞舞"，她就变魔术似的变出一条银条条儿，舞动着，真的如雪花飞舞一般。

演出很成功，我们组得了一等奖！好想再演一次！

个案故事 2：童话故事集展示

那天，王老师宣布："下星期二的语文课，我们把自己编写的童话，以小组为单位做成一本童话故事集，在全班面前展示。"我听到这消息的时候，实在太兴奋了，禁不住跳了起来："耶，太好了，终于有展示自己童话的机会了！"

回到家，我立刻拿出 A4 纸和彩色笔。我要尽量把内容编得富有童话色彩一些，让同学们都喜欢看我们组的童话集。我就把主人公（铅笔）的几个重要情节用彩色笔画了出来，再将题目《神奇的铅笔》安排在小报的最上面，进行美化，使这个报头显得非常醒目。然后，为了让字里行间显得更整齐一些，我用绿色的细笔配合尺子的波浪边画出一条条波浪线，再工工整整地将自己编写的童话抄在线上面。抄完以后，我又用彩笔在纸上画了许多小花和蝴蝶结，直到满意了才罢休。

经过几天的努力，我们小组的每个人都把小报编好了，交给了要代表我们小组上台去展示的何同学。

终于等到了展示童话故事集的语文课，我们每个同学都迫不及待地坐在位子上。展示开始了，我们欣赏着一本又一本的童话故事集。我印象最深的是第六小组的童话集，里面有一个故事讲的是：有一个不爱学习的孩子叫小马虎，有一次爸爸打了小马虎,小马虎逃啊逃,闯入了"文字王国",听说来到"文字王国"的人如果读不出他们王国里的文字就会被抓起来,小马虎吓坏了。有了这一次经历,小马虎再也不逃学了。他们的童话故事编得真好,不但生动有趣,而且很有教育意义。不过我们第一小组的也非常出色,特别是插图色彩鲜艳,栩栩如生,赢得了全班同学的赞同。

今天的童话故事集展示让我明白了:我们每个同学都能写童话,而且可以写出一本本属于我们自己的童话书,我们都可以成为童话作家。

图为学生编制的童话故事集《小鱼儿的陆地车》

图为学生编写的童话连续集《拉姆之灾》

个案故事3：表演自创自导的童话

我们终于迎来了到学校多功能厅表演自创自导的童话！嘿，我们组出师不利，竟然抽到第一个上场。大家稍显紧张，我赶紧跑到观众席上——我还兼任负责摄像的哦。主持这次活动的是金同学和沈同学，他们宣布活动正式开始，然后简要介绍了我们组的《小吴的厨师梦》。

我们"雄赳赳气昂昂"地上场了，我一个箭步到电脑前打开幻灯片，这可是我多日心血的"结晶"，我迫不及待地想在同学面前露一手了。等陈同学介绍完人物，该我上场了。紧张的我啊，脑子一片空白，心怦怦直跳，好像要冲出胸膛来，一想到下面那么多双眼睛盯着我看，心里直念叨："千万别出岔子！千万别出岔子！"不知是太激动，还是太兴奋，还是太想为六年的小学生涯留下灿烂的一笔，我居然"忘词"了，事后真是后悔莫及哪！当时也管不了那么多，就即兴编了几句台词继续往下演。幸亏第二幕我没词，就到后台去操作幻灯片了。第三幕我只有2句台词，其他人都在场下，台上只有我和小吴。我呢，一边"煮"东西，一边和一旁扫地的小吴对白，这场总算没有什么意外。没想到幻灯片出岔子了——居然往前播放了，真是尴尬，看来放映设置还不够周密呀。

第二个上场的是第二小组，他们的节目极有想象力——"轮回黑洞，扎克斯"，幻灯片制作精美出彩，骆同学舞剑动作潇洒大方，宛如一位古代的英勇小将。可是声音不够响亮，最终得分不够理想，排名"第一"。

其他组各有千秋，都有各自的亮点，最精彩的要数《非诚勿扰》了。与电视版的大不相同，他们的"相亲"只是一个套路，主要展示了他们组每个人的才艺。张同学的二胡拉得如泣如诉；赖同学的琵琶颇具古人风范，"转轴拨弦三两声"，中间断弦的小插曲，恰到好处地推动了情节的发展；姜同学的外文歌曲真让我们大开"耳"界……所有的才艺表演配上丁同学的幽默且非常有文采的主持，简直是尽善尽美，他们组不得第一才怪呢！

《心灵美》，心灵美才是真正的美，一听题目就知道这个组的主题不错，而且他们的表演也很到位。还有《卖打火机》和《小苗的命运》的表演也同样非常棒。再是《武林外传》虽有模仿，但也看得出每位组员的投入演出。最后是《友谊迟到了》，平日十分淘气的金同学也展示了他优秀的一面。

"三个学年，六个学期，每个同学都写了一百多篇童话，从模仿到自创，再到今天的表演，这是童心的绽放，这是智慧的展示，这是力量的积淀，这更是实力的提升……"最后王老师的讲话对这次活动做了高度的总结。这短短的一节课，凝聚了我们自四年级上以来，六个学期的童话写作历程和学习成长感悟，在这里我们每个人都过了做演员的瘾，也尝了当导演的滋味，更是把美好的故事留下，把最美的童心献给我们亲爱的母校——塔小！

童话，为儿童生命成长注入心理资本。著名学者路桑斯教授最先提出心理资本的概念，他认为心理资本是指个体在成长和发展过程中表现出来的一种积极的心理发展状态，有很大的动力作用，能够驱使个体迈向目标，实现梦想。心理资本是一种高层次的心理结构，有多个成分，至少包含四个核心要素：自我效能、希望、乐观和韧性。

自我效能：面对充满挑战性的工作，有信心，并能付出必要的努力来获得成功。

希望：对目标锲而不舍，为取得成功在必要时能调整实现目标的途径。

乐观：对现在与未来的成功有积极的归因，对未来抱以美好的期待，预期未来会有的积极的、令人开心、满意的事情发生。

韧性：当身处逆境和被问题困扰时，能够持之以恒，迅速复原并超越（就像弹簧具有弹性一样），从而取得成功。

童话，为这些要素注入儿童生命成长带来了非常好的契机。四年级上册语文三单元的主题是"走进童话世界"，四篇课文全是童话故事：《巨人的花园》《幸福是什么》《去年的树》《小木偶的故事》。其中第9课《巨人的花园》课后出现了进入四年级后的第一次"综合性学习"，要求是：让我们开展一次读童话、讲童话、编童话、演童话的综合性学习，从童话的宝库中得到更多的宝物。

四年级学生非常喜欢童话,更喜欢演童话,他们对演童话表现出了极大的热情:"'童话',听到这个词语就会使人感到兴奋,如果再加上一个'演'字儿,那么我就吃兴奋剂了!"《演童话》一文表现了小作者演童话时乐此不疲,乐在其中的强烈兴趣。

相对于演童话的小组活动,编写童话则需要个人付出更多的意志努力:故事构思,情节安排,斟字酌句,文字表述,只有用心思考才能写出自己满意的童话故事。但努力之后的收获,意义更为深远,因此编写童话是一项值得保留到小学毕业的语文活动。《童话故事集展示》是四年级第一次综合性学习的成果展示,也是此后"三个学年,六个学期,每个同学都写了一百多篇童话"的启动仪式。

六年级下最后一次综合性学习:《难忘小学生活》之二的"依依惜别"(之一是"成长足迹"),要求策划一台毕业联欢会,表达对师友、对母校的惜别之情。《表演自创自导的童话》是这次综合性学习,也是整个小学语文综合性学习的收官之作。正如小作者所言:"这短短的一节课,凝聚了我们自四年级上以来六个学期的童话写作历程和学习成长感悟,在这里我们每个人都过了做演员的瘾,也尝了当导演的滋味,更是把美好的故事留下,把最美的童心献给我们亲爱的母校——塔小!"

从第一次综合性学习到最后一次综合性学习,时间跨度为三个学年,六个学期,童话是一条语文能力和心理成长的发展主线。同学们一直坚持编写童话的练习,把每篇课文中的生字(新词)编入童话,或单独成篇,或连续成系列,到小学毕业,每个同学都写了6本"童话书"(每学期一本),总共约150篇。"这是童心的绽放,这是智慧的展示,这是力量的积淀,这更是实力的提升。"在认知的发展中,在情绪的体验中,在能力的提升中,在人格的形成中,"自我效能""希望""乐观""韧性"这些心理资本都无形地注入了每个孩子的生命之中。

"自我效能"让生活充满信心;"希望"让生活充满诗意;"乐观"让生活充满阳光;"韧性"让生命更加刚强。这是游戏化语文课堂的孜孜追求和美好愿景。

竞猜,发展学生人格的开放性和尽责性。

个案故事:竞猜比赛

(一)

今天我们去录播教室上课,内容是:猜字谜和对歇后语。为了这个活动,我也是拼尽了全力,"360""百度""搜狗"等等搜索软件,反正能用的都用上了,这可大大拓展了我的知识范围。我从搜到的内容中精选了字谜和歇后语共五个,写在便利贴上。结果,今天的课上,我们组"完败"。

对方组共猜出了我们组的两个字谜和一个歇后语,而这两个字谜都是我提供的,不会吧!我提供的那两个可是在我知道的范围内最难的啊!对方组的脑洞也太大了吧!

而他们给我们猜的,我一个也猜不出,我甚至连题目是什么意思都没看懂!

什么"丝线考了六十分"?!

什么"漂亮走路"?!

什么"后羿开弓"?!

比赛结束后,我知道了谜底(级、透、早)时才恍然大悟,他们的字谜是自己编的。可我还是想说一句：别出这么不靠谱的字谜好不好！！！

这次经历让我明白了：我们能从网上看到的，他们也看得到，他们是知己知彼；而我们是知己不知彼，失败自然是理所当然的了。

这节课，我们既玩得刺激，又收获了很多知识，太有意思了！

（二）

昨天，我们上了公开课！

我们到了录播教室，老师讲完规则，我们就开始编写谜面小报了。第一个字谜是于同学提供的"奇案无头。"我觉得有些简单：把"奇"和"案"的头去掉，只剩"可"和"木"，不就是"柯"吗？于是我建议，后面加一个"绪"，变成"奇案无头绪"，这下就难多了。第二个字谜是陈同学提供的"原来在江西。"大家一致认为挺好。第三个字谜，我说用我的"口"：有玉有首都，入口就掉头，见元不是钱，韦入画圆圈。但大家认为这与课文中的"有心走不快，见水装不完，长草难收拾，遇食就可餐。"（谜底：曼）的猜法太一致了，就给否决了。最后选用了陈同学的"两人分工。"还有两条歇后语，我提供的也没有被选上。

编完了小报就抽号了，我们组与第三小组对抗。我们交换了小报，开始猜题。我一拿到小报，扫视了一遍，立刻答出了一题：瞎子背瞎子——盲（忙）上加盲（忙）。然后，又觉得"麻布袋草布袋——？"这歇后语十分熟悉，可就是记不起来。于是，我把所有可以猜的答案猜了个遍：漏水、漏油、麻油？都不是。我思考了半天，又想出一个答案：包不住火？刚想去问，时间到了，竟猜活动结束。我们组只猜对了一个,对方组猜对了三个,1∶3,我们组输了。按规则,我们组只能加6分,他们组加满分10分,我沮丧极了。

分享故事的时候,大家都觉得赢了比赛开心,输了比赛也开心,因为在这个活动中我们学到了很多东西:积累了大量的字谜和歇后语,还知道自己也可以编字谜,深深地感受到我们的汉字是这样的有趣和神奇。

最后老师的总结让我彻底释怀:人人都精彩,个个是赢家。是啊,得到知识和快乐才是最重要的,有精彩的表现让自己满意就行了,何必在乎比赛结果的输赢呢?

(三)

我排着队,整齐又安静地进入了录播教室。一坐下,我们就开始讨论用谁的字谜,用谁的歇后语。我的字谜是自己编的,我竭力推荐用我的字谜,大家都同意了。歇后语一条是叶同学的"瞎子背瞎子——",还有一条是李同学的"麻布袋草布袋——"这样,三个字谜、两条歇后语编到了谜面小报上。

竞猜开始了,我们一拿到对方组的谜面小报,叶同学就猜出了一个歇后语:千年的石佛——老石(实)人。接着,刘同学和李同学不约而同地又猜出了一个字谜:原来在江西(源)。我们开始思考下一个字谜:两人分工。金同学突然说:"我知道了,两人分工是'巫'!"我们去问对方组,果然是对的,耶!我们已经猜出了两个字谜、一个歇后语,对方组才猜出一个歇后语"瞎子背瞎子——忙上加忙"呢!

我们继续猜剩下的一个字谜:奇案无头绪。后来才知道它的谜底是"柯",要不是对方组的范同学认为太简单,硬是加了一个"绪"字,可能也会被我们攻下来。

"停!时间到。"王老师说,"各组战况如何呢?"……结果出来了,我们组以3:1赢了!就这样,竞猜活动在紧张而有序中结束了。

有紧张,有刺激,有高兴,有失望,我好喜欢这堂课!

竞猜,能发展学生人格的开放性和尽责性。这是五年级上第五单元《综合性学习:遨游汉字王国》之《有趣的汉字》中的一节活动课,内容为:猜字谜和对歇后语。

这次竞猜活动的教学目标有三:1. 收集的字谜和歇后语,感受汉字的神奇有趣,歇后语的形象俏皮,加深对汉字的感情;2. 培养团队精神和协调能力,人人参与,积极思考,体验活动带来的情绪和感受;3. 自信展示合作成果,讲述与竞猜有关的故事,感受课堂因我而精彩的胜任感。

这节课有三个环节:1. 团队合作,编制字谜和歇后语谜面小报;2. 小组对抗赛,猜字谜和对歇后语;3. 分享课堂故事以及由此带来的活动感受。

整个活动下来,所有的学生都全身心地投入到了其中:收集字谜和歇后语,编制谜面小报,猜字谜对歇后语,分享竞猜活动故事……除了课堂交流外,更多的学生写下了与这节课有关的日记,记下了很多的活动细节,上面这三篇文章从不同的角度给呈现了出来。为了赢得这场竞猜的胜利,队员们都在全力以赴:"为了这个活动,我也是拼尽了全力,'360''百度''搜狗'等等搜索软件,反正能用的都用上了,这可大大拓展了我的知识范围。我从搜到的内容中精选了字谜和歇后语共五个,写在便利贴上。"

这正是所有同学准备这次活动的真实写照。

编制谜面小报时，组员们都把自己认为是最难的字谜和歇后语编了上去，目的是不让对方组能猜出来。可也有同学做出了超常规的举动，有改变原来的字谜，如："奇案无头。"这个字谜，有些简单，于是建议在后面加一个"绪"，变成"奇案无头绪"，这下就难多了。这一改，确实给对方增加了难度，到活动结束也没能把它给猜出来。还有更大胆的，索性自己编字谜："什么丝线考了六十分？""什么漂亮走路？""什么后羿开弓？"这对对方组来说简直是束手无策，"我一个也猜不出，甚至连题目是什么意思都没看懂！"

竞猜活动自然而然地促使学生形成人格的尽责性和开放性。

尽责性是反映人处事动力风格的一种特质。典型的特征主要有乐于担当，处事公正，有条理性，尽职尽责，寻求成就，自律自控，细心谨慎，克制等。尽责性高的人沉得下心，善于钻研，具有敬业精神；他们认真仔细，严格而自律，一丝不苟；他们坚持不懈地专注于自己的工作，执着地干好该做的事……总之他们做事靠谱，值得信赖。

开放性是反映人的认知风格的一种特质。典型的特征主要表现为有想象力，善于审美，寻求变化，展示智慧，不僵化刻板，对外界保持好奇和乐于接受的心态等，往往不拘泥于传统和陈规，乐于创新。开放性人格最突出的表现和价值是创造性。开放性高的人，愿意追求新鲜经验，探索新想法，乐于运用想象力和洞察力去前瞻未来，而不是循规蹈矩地沿袭过去的经验。

尽责性是人生的"定海神针"，开放性是人生的"摇钱树"。优秀人格是在人的成长过程中慢慢形成的——人格是一个人稳定的、习惯化的心智模式和行为方式。游戏课堂可以顺水推舟，助力学生人格的健康发展。

实践：明确角色意义，提升活动价值。

个案故事：寻找错别字

下星期二，我们要进行"生活中的错别字调查报告"交流会，我们组的同学分头行动，在网上，在作业本中发现了许多错别字。星期天，我和王同学来到天姥路上寻找错别字。

我们先到一家卖门窗的店门口，发现老板把"护栏批发"的"栏"写成了"拦"，我们赶紧记录了下来。随后，我们又看见了一个"欠字旁"的"改"，"竖心旁"的"憧"。还有一家米店，招牌上写着：优质新糯米特价2.4元欢迎购买，"迎"写成了"币"加"辶"，看上去好不舒服。另有一家"衣衣不舍"的服装店，也让人挺别扭的。

不久，我们来到了一家"错别字水果店"。店门口竖着一排甘蔗，可是立在旁边的牌子上却把"甘蔗"写成了"甘庶"。我们告诉老板娘："老板娘，这个'庶'是错的，应该加个草字头。"老板娘却不以为然地说："你们看得懂，说明我没写错啊！"接着我们又指出："没有草字头的'苹'和'蕉'也是错的。"老板娘却强词夺理地说："平果可以理解为平安果，没错。""那香蕉就是香得焦掉了？"我们马上不赞同地回应了她。我们耐心地告诉她："汉字是我们中华民族智慧的结晶，写错了会对不起我们的祖先的。再说把错字写在水果旁边，会误导那些年纪小的孩子，他们会把你们的错字当作正确的字，以后纠正起来会很难的。"在我们的劝导下，老板娘把这几个错别字全改过来了。

其实有很多人跟那个老板娘一样，认为写错了字没关系，只要能看得懂就行。但是，这是不对的。我们每一个小学生都是汉字的传承者，有责任不写错别字，也有责任纠正别人写的错别字。这次调查活动，我感触特别深，以后再也不写错别字了。

实践：明确角色意义，提升活动价值。这是五年级上册第5单元综合性学习：《遨游汉字王国》之《我爱你，汉字》的一次实践活动：策划一次社会用字调查活动，然后写出简单的调查报告。整个活动经历了大约一个星期。活动前，各组先讨论一些问题：为什么要进行错别字调查活动？在调查中发现错别字怎么做？调查报告怎么写？然后制定计划，安排时间、地点和人员分工。

《寻找错别字》叙述了小作者和同学一起在街头寻找错别字，不但发现了很多错别字，还让水果店的老板娘改正错别字的事，表现了小作者对不写错别字的责任意识。

文中他们与老板娘有四次对话：

"老板娘，这个'庶'是错的，应该加个草字头。"

"没有草字头的'苹'和'蕉'也是错的。"

"那香蕉就是香得焦掉了？"

"汉字是我们中华民族智慧的结晶，写错了会对不起我们的祖先的。再说把错字写在水果旁边，会误导那些年纪小的孩子，他们会把你们的错字当作正确的字，以后纠正起来会很难的。"

有理有据，让老板娘从开始的"不以为然"，到后来的"强词夺理"，到最后的"把这几个错别字全改过来了"。不仅表现出了他们的勇气，更展示出了他们的智慧，完全达到了这次活动的最终目标：推动社会用字规范化。

小作者为什么要与老板娘据理力争？其行为背后的动机是什

么?是小作者对自己角色的认知,认为"我们每一个小学生都是汉字的传承者"。这个角色赋予了他相应的担当和责任:"有责任不写错别字,也有责任纠正别人写的错别字。"因此,即使面对的是一个对错别字毫不介意的老板娘,也要努力去劝导。

在寻找错别字的实践中,小作者反应积极,该记录的记录,该劝导的劝导,还做出了有针对性的分析和判断:"其实有很多人跟那个老板娘一样,认为写错了字没关系,只要能看得懂就行。但是,这是不对的。"身体力行的寻找错别字活动给小作者带来了更深的认识:"这次调查活动,我感触特别深,以后再也不写错别字了。"教育了别人,也教育了自己,使这次调查活动具有了更高的价值。

"乐之",游戏化学习带来积极的情感体验。

个案故事:《综合性学习:遨游汉字王国》学习总结

两个星期一转眼就过去了,第五单元的综合性学习活动也结束了,可我依然对这单元的学习恋恋不舍——这单元我们实在"玩"得太畅快了,每一节语文课都充满了欣喜和快乐,同时也让我们了解到了更多有关汉字的知识,今天,我就大致作一下总结。

在遨游汉字王国的过程中,我知道了许多新知识:

1. 我们中国最早是没有汉字的,是通过"结绳记事"和"物语"来说明一件事的,可使用起来困难重重,传说是仓颉开始了造字。

2. 每一个汉字背后都有着有趣的故事,如"册""典""删"他们是有同源关系的好兄弟。

3. 甲骨文是我国最早的文字，学者王懿荣是第一个发现和研究甲骨文的人。

4. 写错或用错一个字，会造成很大的损失，有时甚至会有生命危险。

5. 书法是我们中华民族的一大瑰宝。汉字书法众多，各具特长：甲骨文金文如刻如画，篆书隶书古色古香，楷书端庄，草书奔放，行书流畅。

……

我们不但从阅读材料中学到了很多知识，举办的好多有趣的活动，让我们乐在其中。

活动一：猜字谜和对歇后语。学完了《字谜七则》和《歇后语》后，我们进行了猜字谜和对歇后语的比赛。我一心想赢，上网查找资料，准备了好多字谜和歇后语，结果在与第七小组的对阵中，竟然是平局，我们组加了8分。原来努力的不只有我，大家都在努力啊！

活动二：口语交际，讲讲有谐音或错字引起的笑话和故事。钟钟同学的笑话《耳朵在此》，笑得我肚子都疼死了。我讲了一个《沁阳和泌阳的故事》，很有意义，我为我们组挣到了8分，立了大功。

活动三：寻找错别字，写调查报告。我们不仅在作业本、考试卷、电视字幕、书籍报刊中寻找错别字，还走上街头寻找招牌广告中的错别字，然后把调查的结果写成调查报告。虽然很辛苦，但很有收获，也很开心。

活动四：调查报告展示比赛。组长把我们交给他的调查报告装订成一本书，写上书名叫：《错别字再也不见——来自第3小组的调查报告》。八个组的展示都很精彩，每个小组都有高招，有的讲述故事，生动有趣；有的用表格绘制，一目了然；有的用照片呈现，真实清晰；还有的用彩笔手画，形象夺目。我们组与第四组比拼，结果皆大欢喜，我们组拿了10分，他们组也得到了10分。

展示活动让我见识了大神们的厉害！我也记住了一些不写错别字的窍门：初次见时，看清字形；书写时，要用心，把字写正确；写作时，不能确定的字可以查字典；老师改出来的错别字要及时订正；把容易写错的字集在一起，经常看看，提醒自己不要写错。

在遨游汉字王国的第五单元中，我收获了知识和学问，收获了方法和本领，收获了欣喜和快乐，收获了成功和自信……第五单元，我爱你！汉字，我爱你！

"乐之"，游戏化学习带来积极的情感体验。"知之者不如好之者，好之者不如乐之者。"意思是对于学习知识而言，知道怎么去学的人比不上爱好它的人，爱好它的人又不及以此为乐的人。孔子的这句话，说明了对待学习的三种人："知之者""好之者""乐知者"，一个更比一个强。因为他们是学习驱动力不同的人："知之者"，更多的时候是被动学习者；"好之者"有强烈的动机，是主动学习者；"乐知者"有积极的情感体验，把学习作为快乐源泉的人。因此，他们在学习时的心情也不同：知之者——随便；好之者——喜欢；乐之者——愉悦。

无疑，与"好之""乐之"相对应的学习方式是自主性学习，主动去求知、去探索、去实践，并在这个过程中获得愉快的体验。如何培养学生的学习自主性？游戏！没有比这个更容易的了。

《综合性学习：遨游汉字王国》整个单元有一系列学习任务，

图为调查报告展示场景

把这些学习任务设置成游戏项目,让学生尽心尽力地玩,在完成学习任务的过程中感受积极的情感体验,成为真正的"好之者""乐之者"。既然是游戏,就一定有规则,规则须根据教育和教学目标来定。小作者在上面这篇总结中列举的4个游戏活动,其规则和规则后面的意图是这样的:

活动一:猜字谜和对歇后语

规则:每个小组挑选三个字谜和两条歇后语编在谜面小报上;小组抽号成对,两两PK;猜对多的组为赢,赢的组加10分,输的组加6分,平局组各加8分。

目的:制造紧张激烈的竞猜氛围,感受汉字的神奇和有趣,积累一定量的字谜和歇后语。

活动二：口语交际，讲讲有谐音或错字引起的笑话和故事

规则：按口语交际课的活动规则，在各组中抽一名选手上台演讲，评委用 10 分制打分，总分前两名的组为一等奖得 8 分，中间三名的组为二等奖得 5 分，后面三名的组为三等奖得 3 分。取得的成绩除了作为本单元的积分，还计入本学期的口语交际成绩。

目的：进行口语表达训练，感受汉字谐音的有趣和错别字的危害。

活动三：寻找错别字，写调查报告

规则：一星期内，人人参与，不仅在作业本、考试卷、电视字幕、书籍报刊中寻找错别字，还走上街头寻找招牌广告中的错别字，然后把调查的结果写成调查报告。

目的：进行发现并改正错别字实践活动，学习写调查报告。

活动四：调查报告展示比赛

规则：每个组把组员的调查报告装订成册，派代表向全班同学展示。组与组之间比赛，完整的加 10 分，不参与的 1 人扣 1 分。

目的：强化人人参与意识，观察学习，取长补短。

单元活动总规则和总目的：各组把一单元中所有活动的积分加起来，总分最高的两个组为一等奖，中间三个组为二等奖，后面三个组为三等奖；每个同学在单元测试（卷面总分 90）成绩基础上，分别加上 10 分、9 分和 8 分。引领学生乐学，爱学，会学；促使学生学会自主，学会探究，学会合作，学会竞争，学会自信，学会创新；提高学生听说读写做思的语文能力，多方面提升综合素养。

游戏活动只是一种教学形式，让学生成为"乐之者"才是真正的目的。学生在整个综合性学习单元中，始终是一个"玩家"，全心投入其中，有收获知识带来的满足感，有充分准备带来的掌

控感，有激烈竞赛带来的兴奋感，有分享成果带来的成就感，有团队合作带来的归属感，有取得成功带来的自豪感，有内心成长带来的力量感……积极的情绪体验使"玩家"们欲罢不能，越玩越有劲，越玩越能玩，越玩越成功。

接纳自己，完善自己。

个案故事：做最好的自己

今天的语文课，我们要交流一份信息研究报告。各组交流的选手由抽号产生，我们组在一番令人紧张的抽号后，我代表我们组出场。

我镇定自若地走上了讲台，翻开准备好的资料，开始介绍起来："大家好，我是第三小组的涛涛，今天我分享给大家的是《关于涛涛同学字写得差的研究报告》。"我在投影仪上呈现了我平时作业写得很难看的字：有潦潦草草的，有高高低低的，有大大小小的，有歪歪扭扭。"从这些难看的书写中，我认为涛涛同学字写得差的原因是：1. 书写很随便，很多时候为了快点写完，把字写得潦潦草草；2. 写得不端正，基本笔画都没有写好，如横不平、竖不直，字总是歪歪扭扭的；3. 书写不规范，该长的笔画写短了，该短的笔画写长了，使字的相貌很丑；4. 写得不匀称，大的大，小的小，高高低低，看上去很乱。针对这些原因，我觉得书写时要做到以下几点：1. 做作业时要把静下心来，做到心到、眼到、手到；2. 把基本笔画写规范，横要平，竖要直……"我又在PPT上放映了几张认真书写的作业，"我相信，只要按这些要求去做，用不了多久，涛涛同学的字一定会越写越好。"

就这样,我很顺利地介绍完毕,而且个人感觉很不错。王老师当场点评,说我搜集信息、调查分析能从实际需要出发,能积极面对自己的缺点,并采取有效的措施去改正。同学们给了我一阵又一阵的掌声。顿时,我觉得这次分享很成功,我的自豪感油然而生。随后,我的偶像冲冲也评价道:"涛涛这次表现很好,让我有点震惊,这可是他的第一次上台啊!大家应该再给他一点掌声。"听了冲冲的话,我信心倍增,谢谢同学们的掌声,谢谢大家的鼓励!

下课了,组长和组员们围着我说:"涛涛你太棒了!""你真牛!""不错啊!涛涛。"这些鼓励给了我莫大的勇气。我决心以后每节语文课都要充分准备,做最好的自己!

加油,涛涛!

接纳自己,完善自己。"人无完人",再优秀的人,再厉害的学霸,也不可能是学习上的完人。这次综合性学习要求学生利用搜集的信息写简单的研究报告,有很多学生从自己平时学习表现欠佳的地方入手,如作业书写随便,如常写错别字,如答题正确率低等;当然也可以从表现优秀的亮点入手,如字写得漂亮,作业速度快,朗读声情并茂等。这样切入口比较小,搜集到的信息目标集中,比较容易分析,同时也给学生一次接纳自己,正视自己,进一步完善自己的历练。

本文小作者以自己字写得差为抓手,搜集信息,分析研究,找出了原因:"1. 书写很随便,很多时候为了快点写完,把字写得潦潦草草;2. 写得不端正,基本笔画没有写好,如横不平,竖不直,字总是歪歪扭扭的;3. 书写不规范,该长的笔画写短了,该短的笔画写长了,使字相貌很丑;4. 写得不匀称,大的大,小的小,高高低低,看上去很乱。"

在正视自己不足的基础上,小作者决定改正这些不良的书写习惯,提出了针对性措施:"1. 做作业时要把静下心来,做到心到、眼到、手到;2. 把基本笔画写规范,横要平,竖要直……"并且尝试着行动,效果明显"我又在PPT上放映了几张认真书写的作业",同时对自己充满了信心:"我相信,只要按这些要求去做,用不了多久,涛涛同学的字一定会让越来越好。"

"完善自己",就是不断修炼自己,达到自己满意的目标,这是一个需要付出不懈努力的过程。在这个过程中,需要来自自己的肯定,还需要周围人的鼓励,老师、同学、家人、朋友都是其社会支持系统中的成员,都应予以帮助和支持。

自主学习,像美食一样可口。

个案故事:走进"信息世界"餐厅

菜单	
1. 主食:"美味"大餐口语交际	¥:86
2. 小食:辛苦无比研究查报告	¥:35
3. 饮料:欢乐满屋报告交流	¥:12
4. 甜点:又苦又甜即兴作文	¥:17
	共计:¥150

主食:"美味"大餐口语交际

"耶!"我们欢呼起来,仿佛要让全校,不,全世界知道这一喜讯——我们要搞"9.0版的口语交际"了！

怎么回事？让我们退回到5分钟前。

"今天我们要搞一场'美味'版的口语交际！"王老师的脸上充满了神秘感，"什么叫'美味'版口语交际？就是每组推荐一名高手来进行PK！"

好了，全班人疯了。高组长走到我的座位旁，一脸"狡诈"地说："我们组就靠你了！"其他人也纷纷起哄："谢××！""谢××！"真是一群不靠谱组员啊！我认了命，点点头答应了。

马上就到我了，我暗暗给自己打气："加油呀！谢××！不能辜负组长和组员们的信任！"我像一位英勇的女战士走上了战场。

"请玩过电脑游戏的举手！"我以一个小调查开了头，看见同学的新鲜劲，一下子有了勇气。我不仅是为了自己，也是为了同学们，更是为了我们整个团队！我放开了胆子，继续讲信息时代给我们带来的便捷和影响。虽说有时会忘词或结巴，但我没有在意，因为口语交际的意义不就是——打破自己，超越自己，做最好的自己吗？"希望大家不要让电脑游戏成为一种负担！"我结束了这次口语交际，听见台下同学们的掌声，我像走上了人生巅峰般高兴。

最后，我以一分之差输给了"最搞笑奖得主"徐同学，得了个"最亲身体验奖"。这真是一次"美味"大餐啊！

徐同学！我一定会超过你的！

小食：辛苦无比研究报告

烈日当头，我坐在教室里，有一笔没一笔地写着研究报告。这研究报告可真不好写，主题就让我想了半天，既要有针对性，又不能太简单，还要有意义。最后，我把问题定格在了考试时间上，因为每次考试时，我总是先宽后紧。这一关刚过，就又来了一关，考试时怎样合理安排时间呢？

于是，我翻出了几张数学单元考试卷，分析字迹潦草和失分的原因，提出比较合理的考试时间安排，终于又过了这一大关。

后面的便"简单"了，我一气呵成——呃~有好多写得不当的地方，我立刻改改改，当真正写完时，才发现自己已经大汗淋漓。好一场研究报告大战啊！

饮料：欢乐满屋报告交流

为什么说欢乐满屋呢？还不是因为尉老班长交流的那份研究报告——《错别字起源的研究报告》。

尉老班长可算"用心良苦"，不仅抄了一页的错别字，还带上了"家当"——一本字典和无数张小白纸。他一上场，就有人在"窃窃私语"："尉猥琐！""尉BB！"呃，班长，你的威信呢？他一个一个地讲着他与错别字的故事，显然，我那份虽然认真写了又读了的《关于数学考试时间节奏的研究报告》与他的完全不是一个档次。当讲到他连写错9个"琐"字时，教室里顿时有"窃窃私语"变成了"哄堂大笑"。"猥琐，猥琐！"到最后，他甚至撕了那无数张写着错别字的小白纸。太有表演力了！简直让我目瞪口呆，佩服，佩服啊！

我也要加油了！不能太一过了之，要认真对待每一件事。

甜点：又苦又甜即兴作文

马上要离开这又苦又甜的综合性学习单元了，我心里很舍不得。苦，因为它有很多需要我们动手实践的作业要做；甜，因为它给我们带来了快乐，让我们得到了成长。这一篇即兴作文可以说是"离别作文"。

再见了！综合性学习单元！

自主学习，像美食一样可口。《综合性学习：走进信息世界》是五年级下册第六单元的教学内容，要求学生通过这次综合性学习，感受信息传递方式的快速发展，体会信息给我们的学习、工作和生活带来的影响，学习搜集和处理信息，并利用获得的信息，写简单的研究报告。整个单元的学习，开展的活动，形式多种多样：有对《阅读材料》的阅读理解展示；有以口语交际形式交流信息传递方式的变化给我们的学习和生活带来的影响；有利用搜集到的信息写研究报告；有研究报告成果交流会……这一系列活动为学生的自主学习搭建了比较合适的平台。

本文小作者记录了印象深刻的三个活动：主食："美味"大餐口语交际；小食：辛苦无比研究报告；饮料：欢乐满屋报告交流。最后把活动总结称为"甜点：又苦又甜即兴作文"，反映了小作者对综合性学习的热衷和喜爱。《"美味"大餐口语交际》表现了小作者敢于担当、绽放自我、积极向上的心理品质和体验巅峰的无比喜悦。《小食：辛苦无比研究呢报告》，小作者表达了关关难过关关过，过了一关又一关的艰辛，这是一次验证自律和坚毅的实验。《饮料：欢乐满屋报告交流》体现了小作者对他人的欣赏，用欣赏照亮自己，激励自己勇于进取。《甜点：又苦又甜即兴作文》既是小作者对学习的积极认知，又是良好心态的流露，表明了学习的意义——有苦又有甜，这就是成长！

小作者在文章开头用菜单的方式，呈现和数字量化各种"美食"的价格，充分说明其对自我成长、自我发展的良性关注，拥有积极的心理和健康的人格。

计划，有效提高执行力。

个案故事：六年级上第六单元综合性学习：轻叩诗歌的大门

天的梦想组　单元初步安排

11.22（星期二）《阅读材料一》学习成果展示。

11.23（星期三）交流诗歌搜集情况，准备诗歌朗诵会。

组织：孙××、韩××，其他同学做好自己的事。

11.24（星期四）口语交际：诗歌欣赏（可以是课外诗）。

每个人必须准备，赏析自己写；完成《作业本》。

11.25（星期五）《阅读材料二》学习成果展示。

11.28（星期一）诗歌朗诵（拍课）。

诗词串烧、组织：陈××、裘××PPT（配合串烧内容），其他人要求背诵流利，有感情。

11.29（星期二）诗歌知识竞赛。

从单元学习开始，每个人都去了解一下诗歌知识，包括诗歌的作者、背景，最好打印出来，与同学们分享。

11.30（星期三）完成《作业本》。

12.1（星期四）诗集展出（重点，拍课）。

组长须知：A4纸正反（页数不限），手工绘制。

组员须知：

（1）A4纸正反，一人2张，做3张的可以加1分。

（2）每个人自己动手收集、整理；内容包括摘录诗、赏析诗、相关资料（背景或其他链接内容）和自创诗等。

（3）自己手写、绘制，最好有插画，也可以配照片。

（4）若是制作不合要求，则重做。

（5）诗集介绍：车××、钟××

12.2（星期五）单元测试（含活动总结）。

备注：若有临时变动，随时调整。有不懂的问组长。

2016.11.21 组长落笔

制定计划，有效提高执行力。相对于一篇课文的学习，综合性学习的内容复杂多了。在六年级上册《轻叩诗歌的大门》的综合性学习单元中，共有两大板块："诗海拾贝"和"与诗同行"，从中的阅读材料有：古今中外的诗词9首，诗歌的故事2个，更有很多有关诗歌的活动要进行，因此在"轻叩诗歌大门"之前，先得有一个计划。在老师的"大"计划下，各学习小组分头组织讨论，制订出"小"计划。这是"天的梦想"小组的活动计划，组长把活动日期、活动项目、人员安排、具体要求都清楚地列了出来，并把它分发给每个组员。每个组员在组长的"小"计划下，还可以有自己的"微"计划。有了计划，每个人的行动都有了方向，职责明确，每个人才可以有条不紊地做好自己该做的事。

以"诗歌欣赏"活动为例，综合性学习单元是没有口语交际的，但口语交际作为每单元都有的一个传统项目，这里就把诗歌欣赏作为常规的口语交际来"玩"。所以组长在计划中明确告知：11.24（星期四）口语交际：诗歌欣赏（可以是课外诗）；每个人必须准备，赏析自己写。这里需要说明一下：星期四有两节语文课，还有一节用来完成《作业本》。同学们知道星期四要进行诗歌欣赏，就会在星期四之前针对要求做好准备：选择自己最喜欢的诗词一首，写好欣赏并熟记于心，在上台的时候能流利地讲给同学们听。诗词可以是课内的，但大多数同学更喜欢课外的，不但有新鲜感，而且可以拓展知识面。每个同学必须要完成好这个任务，这是为自己准备，也是为自己所在的团队准备，大家都明白：我的成功就是我们团队的成功。

前面有计划的指引，后面有团队力量的推动，个体的执行力自然而然地得到了提升。

学会合作，互相支持，成就彼此。

个案故事：有甜有乐的《轻叩诗歌的大门》

从11月21日起，我们便进入了第六单元的综合性学习——《轻叩诗歌的大门》。期间，我们开展了一系列的活动：学习成果展示《阅读材料》，诗歌欣赏，诗歌朗诵，诗歌知识竞赛和诗集展评。最让我难忘的还是诗歌朗诵和诗集展评。

那我就先说诗歌朗诵吧。还记得那天，王老师刚布置完毕，尉组长就把全组同学聚在一起，对我们说："这次诗歌朗诵，我们就朗诵《相见欢》和《虞美人》，不过，我们要穿插个情景剧。"接着，组长就给我们分配了角色和朗读的任务。我演宋太宗，尉组长演李煜。然后，在短短的几天中，我们每天都排演，总共有七八次吧。排演得差不多了，诗歌朗诵比赛的日子也到了。

星期一那天，我们组是最后一个上场的，上场前，我戴起了白胡子和那顶有点猥琐的帽子。很快，我们就开始了。我们先演情景剧，沈同学先读起了旁白，不一会，就轮到我了。我大声开讲："爱卿,这李煜的词中有一句'一江春水向东流',是何解呢?"这时沈同学又读起了旁白。按照剧情排演,最后演李煜的尉组长被我用酒毒死了,可没想到,组长自己加了戏,居然把"毒酒"吐了出来,引得全场爆笑。接着,我们一起朗诵:"无言独上西楼,月如钩。寂寞梧桐深院锁清秋。……问君能有几多愁?恰似一江春水向东流。"我们都努力把李煜那份亡国之苦,故国之思表达了出来。最后我们大声道谢:"谢谢大家!"教室里响起了一阵热烈的掌声,之后,没有悬念——我们组得了第一名。

说完了诗歌朗诵,那我再来说说诗集展评吧!一天,组长对我说:"明明,你这次小报就做一张吧,不过,你得写两张书法,一张写《虞美人》,一张写《乾坤战歌》,好吗?等一下我把《乾坤战歌》抄在纸上给你。"我爽快地答应了。于是,一放学,我就写起了这两首诗。《虞美人》是名作。《乾坤战歌》是我们乾坤小队的队歌,特别有豪气:美哉,我乾坤战队同心协力;壮哉,我乾坤战队勇往直前!第2天,我把作品交给了组长。

12月1日,我们来到录播教室。真巧,这次诗集展评又是我们组最后一个上场,待前面7个小组都展示好了,我们的尉组长稳稳地走上讲台。他按照座位次序,一张一张地讲解我们制作的诗集小报,到最后,他展出我写的那两张书法,同学们都发出了赞叹声。顿时,我觉得自己给小组争了光,自豪极了。最后,诗集展评我们组得了第三名。

这次综合性学习虽然有苦有累,但我还是觉得有甜有乐,真希望能多搞几次这样的活动!

学会合作,互相支持,成就彼此。在综合性学习单元的学习中,随着各项活动的进行,团队内部成员之间的关系更加紧密了,合作成了最重要的学习方式之一,它的作用是多功能的。

合作是名词时,它是任务,也是责任。如:"王老师刚布置完毕,尉组长就把全组同学聚在一起,对我们说:'这次诗歌朗诵,我们就朗诵《相见欢》和《虞美人》,不过,我们要穿插个情景剧。'接着,组长就给我们分配角色和朗读的任务。"组员们领了任务,就要完成好这个任务,就承担起了这份责任。

合作是动词时,它是行为表现。"我爽快地答应了。""于是,一放学,我就写起了这两首诗。""第2天,我把作品交给了组长。""答应""写"和"交"都是合作的具体行为表现。

合作是状态时,它是动态发展的。"然后,在短短的几天中,我们每天都排演,总共有七八次吧。排演得差不多了,诗歌朗诵比赛的日子也到了。"台下多次排演是为了台上有更好的表现,果真是"没有悬念——我们组得了第一名"。

合作是技能时,它是引以为傲的荣耀。"我们的尉组长稳稳地走上讲台。他按照座位次序,一个一个地讲解我们制作的诗集小报,到最后,他展出我写的那两张书法,同学们都发出了赞叹声。"上台介绍的尉组长有的是口才,介绍得头头是道;书写毛笔的明明有的是功夫,作品引来了同学们的赞叹声。他们各有所长,各显神通,通过打造,组成了完美团队。

合作是心态时,它是默契的善意。"我们一起朗诵""我们都努力把李煜那份亡国之苦,故国之思表达了出来",每个成员把团队的事看得比自己的事还重要,尽自己的最大努力为集体争光。"他按照座位次序,一个一个地讲解我们制作的诗集小报",这诗集是全组同学的心血,他(尉组长)当然会不负众望,有条理地把里面的故事讲解好。这种默契,把整个团队凝聚得像一家人似的,大家好才是真正的好。

合作是关系时，它是成就彼此的满足。"我们组得了第一名。""最后，诗集展评我们组得了第三名。"满意的成绩，是全组同学互相支持，无私奉献的结果，是对大家齐心协力、辛勤付出的回报。

合作是团队精神的核心，它让成员之间的关系变得非常融洽，这种融洽关系满足了个体的内在需求——社交需求。根据马斯洛需要层次理论，社交需求的满足，为向更高一级层次——尊重需求的发展打好了基础。由此，学生发展出较高的自尊和自信水平是合作学习的必然。

输了，也没有什么好遗憾的。

个案故事：《轻叩诗歌的大门》学习总结

从11月21日到今天12月2日，《轻叩诗歌的大门》这一单元的内容就这样学完了，现在就让我来呈现几个难忘的镜头吧。

首先是诗歌欣赏，那天是11月24日，活动之前我进行了认真的准备。我选择了一首舒婷的《思念》，因为读到它的时候，我被它深深地打动了。整首诗中并无思念二字，字里行间却处处透露着缠绵悱恻的相思苦，令人不忍触摸。思念的真切，从内到外，由浅及深，都得到了淋漓尽致的体现。但是，我把准备的重点放在了"写"上，而把"讲"这件事全然忘记了，于是，就产生了我"捧纸狂背"的现象。那一次的活动没有抽中我，既是幸运又是遗憾吧！

令人期盼和激动人心的诗歌知识竞赛在29日中午开始啦！在热火朝天的比赛中，最为精彩的是我们"X战队"与同桌组"火星情报局"的争霸战。我们两组势均力敌，同学们神情严肃，脸都绷得紧紧的，仿佛在战场上对决。在必答题环节中，两个小组以30：30的成绩平分秋色。抢答知识竞赛中是最为关键的环节，但是我们两队居然打了个50：50的平手。加题赛如期而至，赛场上剑拔弩张，战况十分紧急，在这个赛点时刻，不管哪个组，只要抢答对这道"加分题"就算胜利了。主持人报出了"加分题"："'忽如一夜春风来，千树万树梨花开。'是哪个诗人的名句？"我们组的谢同学从班上俞×岑同学的名字中得到应该是"岑参"的有效信息，就立刻"腾"地一下站了起来，果然答案是正确的，耶——我们"X战队"赢啦！

现在，该说诗集展评了吧，这是昨天下午在录播教室举行的最后一场活动。"天的梦想队"的诗集叫《梦殿堂》，封面和封底是钟同学设计的，很精美，我们也看到了属于她的蜕变。"极星小队"的诗集《风与海的诗》主要围绕"奇迹暖暖有生之年3.0——格蕾丝"的故事展开，从没有自我意识的残破木偶提线格蕾丝蜕变成了绽放自己独特光芒的格蕾丝。谢同学用一个故事把诗集内容串联起来，太有创意了！"火星情报局"为我们带来了《拾光》，裘同学和汪同学，一个放PPT，一个井井有条地串讲，配合得非常默契。

我们"X战队"的诗集《诗海的梦想》也非常精致，我的那两张诗集小报可是做了3天哪！里面有我在网上搜集到的，非常有用的资料，如古诗可以分为怀古诗、山水田园诗、边塞诗、叙事诗、抒情诗、咏物诗、悼亡诗、讽喻诗等等。又如诗歌的发展过程是《诗经》→《楚辞》→汉乐府诗→建安诗歌→魏晋南北朝诗歌→唐诗→宋词→元曲→明清诗歌→现代诗。有理解诗歌的小窍门：1. 理解词语的意思；2. 联系生活实际；3. 想象画面；4. 各种诗歌做对比等，还有我仿照《课堂作业本》的作业写的两首小诗：《童年的味道》和《四季的声音》。我们"X战队"其他同学制作的小报也很有价值，但展示的结果，我们组却最后一名，真是想不到啊！也许是我们组在展示的时候表现得不如其他组亮眼吧，不过，一想到我们做小报时的用心、辛苦、坚持和收获，就算拿了个第八名，也值了。我们都尽了自己最大的努力，没有什么好遗憾的。

本单元的这几次活动，我们组有输也有赢，胜不骄，败不馁，这就是我们"X战队"！

输了，也没有什么好遗憾的。竞争总是残酷的，比赛定会有输赢。赢是每个参赛者的目标，但很多时候即使脚踏实地前行，结果也可能无法圆满。怎么看待结果是"输"的问题，这是游戏课堂必须面对的问题。

输了比赛有消极情绪是很正常的，但也可以保持平和的情绪，甚至是积极的情绪。

这篇总结的小作者，他们组在诗集展评中得了最后一名，心情还是挺平静的。主要方法有：

一、归因。在欣赏其他组的展示时，小作者观察到了各自的亮点：封面和封底设计精美；用格蕾丝的故事串讲整本诗集；上台展示的同学默契配合……相比，"也许是我们组在展示的时候表现得不如其他组亮眼"。在归因中，我们找到了失利的原因，心理平衡，情绪自然平和了。

二、视角。"一想到我们做小报时的用心、辛苦、坚持和收获，就算拿了个第八名，也值了。"小作者觉得从制作诗集过程中得到收获的开心，比在诗集展评中获得好名次的开心更有价值。

"也值了"三个字，充分表达了对得了最后一名（第八名）的积极情绪。

三、成长。无论是诗集展评活动，还是整个综合性学习单元的其他活动，个体成长是最最重要的目标。不管什么活动，都是为了让我们变得越来越能干，越来越强大，越来越有用，所以"我们都尽了自己最大的努力"，目标达到了，当然"没有什么好遗憾的"。

著名心理学家埃利斯的情绪 ABC 理论认为：人的情绪 C 不是由某一诱发性事件 A 本身引起，而是由经历了这一事件的人对这一事件的解释和评价 B 引起的。用这个理论分析上述案例即为：

A：诗集展评得了最后一名；

B：对输了比赛的认知和评价；

C：没有什么好遗憾的。

A 是 C 的间接原因，B 是 C 的直接原因，即有 A 才有 B，有 B 才有 C。

因此，只要对事件 A 予以积极的认知和评价，即产生积极信念 B，积极的情绪和行为反应 C 就自然地表现出来了。

ABC 理论是学生适应竞争的法宝，它可以应用在语文课堂的所有游戏活动中，让每个"玩家"都可以从容面对输赢——胜不骄，败不馁。

游戏模式二　口语交际

口语交际　我演讲

口语交际能力是现代公民的必备能力,培养口语交际能力是每个学生发展的需要。

一单元一次的口语交际是全班同学最期盼的,在小组学期目标(32分)的引领下,全班8个小组,个个不甘落后。小组中的每个同学都铆足了劲,为实现目标而努力奋斗。

课堂采用数字评价,所产生的场能量着实让人震惊:"惊心动魄""扣人心弦""激动人心""期待成功""喜出望外""兴奋不已""自认倒霉""东山再起""奋力合作"……同学们可以用如此之多的成语来形容每一次口语交际的感受,简直就是四两拨千斤。

数字的种类有很多,它们的作用各不相同。具体如下:

1. 目标数字

一学期共有8次"口语交际",小组的学期目标为32分,达到32分的组,每个同学"口语交际"的平时成绩均为"优秀"。这需要每个同学在每一次口语交际中都积极参与,精心准备,用心交流，尽心演讲才能达到。

2. 资源数字

全班同学坐成8列，每列为一个小组，共8个小组。每个小组有5—7个同学，每一次口语交际都以小组为单位开展活动。

3. 秩序数字

每一次口语交际，都有一个先后顺序，谁先谁后，由抽签决定。抽到"1"的小组就第一个上场……抽到"8"就第八个上场。

每一个同学按座位次序都有一个编号，坐第一位的为"1"号……坐第七位的为"7"号。小组代表从1—7个数中抽取任意一个，被抽中的那个同学代表小组上台进行"口语交际"演讲。

4. 评价数字

每个小组推荐出一个评委，对除自己小组之外的其他选手评分，评分采用10分制。待选手讲完后，评委们把分数填入黑板上的表格中。

小组次序	一	二	三	四	五	六	七	八	小组总分	名次	得分
一											
二											
三											
四											
五											
六											
七											
八											

5. 成绩数字

（1）单元成绩：7个评委（自己小组回避）的评分相加，就是演讲选手的总得分。按分数高低排出名次，第一名的小组，每个同学可得8分，第二名的得7分，以此类推，第七名的得2分，第八名的得1分（也可采用等级制，一等奖8分，二等奖5分，三等奖3分，但小组学期目标总分为40分）。

（2）学期成绩：小组成绩就是个人成绩，整个学期8个单元，8次成绩累计，达到32分的同学，为优秀；没有达到的只能为"良好"，甚至"及格"。如表所示：

单元\姓名	一	二	三	四	五	六	七	八	总分	成绩
×××										
×××										
×××										
×××										
×××										
×××										
×××										

真正让这些数字发挥各自的功能，是数字后面的一系列游戏程序。

1. 前期准备。每一个单元开始，先让学生明确单元学习目标。如四年级下第五单元是围绕"热爱生命"这一主题学习的。在明确该单元目标的基础上，老师带领学生浏览整个单元的教材，包括全部课文和"语文园地"及"口语交际"，从中明确本单元

"口语交际"的内容与要求：可以说说自己了解到的生命现象，也可以说说身边的那些热爱生命的故事，还可以说说自己获得的感受、得到的启发。此时，把口语交际的作业布置给全班同学，让他们通过各种途径收集资料，早作准备。

2. 组内交流。两个星期左右，一个单元的课文学完了。在进行"口语交际"的前一两天，组织每一个小组进行组内的"口语交际"。组长牵头，每一个组员轮流演说。说得好的通过；说得不够好的，大家一起帮助。

3. 现场比赛。口语交际课开始了，先抽各小组出场号，再抽座位号，抽到谁，就有谁上台演讲。其实被抽到的同学就是所在组的"木桶高度"：抽到一个胆大的，能说会道的，准备充分的，这个小组的总分就可能比较高，排名会靠前，每个组员的得分就高；抽到一个胆小的，或是懒惰的，准备不充分的，这个组的成绩可能会让组员们揪心。但抽号是随机的，靠的运气，这是谁也控制不了的，要想取得好成绩，唯一的办法就是每一个同学都精心准备。

准备的过程需要付出努力，谁要是有侥幸心理，那失败的可不是他一个人，而是整个小组——这是"捆绑式学习"带给每一个学生的压力。但这种压力可以转化为让个体成员学习的动力，上台的勇气、演讲的能力……整个小组积极向上的正能量！

这种随机抽号的方式，慢慢地会让学生养成脚踏实地的学习习惯。进入第二个学期，发展出另外两种抽号方式："老师版"和"同学推荐版"。在抽好小组出场号后，各组抽谁出场有版本决定，因此，上场前须抽一个"版本号"。"1"是"随机版"，上场的同学随机抽取；"2"是"老师版"，上场的同学由老师点名；"3"是"同学推荐版"，上场的同学由组内同学推荐。这样比赛现场刺激性更强,惊喜不断,精彩不断,活跃度更大。

游戏课堂引人入胜。玩家们(全班学生)进入口语交际课堂,既紧张又期待,既激动又镇定,兴奋而不鲁莽,沮丧而不消沉……学习情绪空前高涨。因为游戏过程和结果的不确定性,给学生带来了太多的新鲜刺激,或大惊,或大喜,或大悲,或大悟……

惊心动魄的小女孩

今天上午的第一节语文课,我们班进行的口语交际比赛真是惊心动魄啊!

王老师和往常一样让每个组长去抽顺序号。我们组和上次一样,还是"4"。

口语交际开始了,令我印象最深的是第五小组的徐同学。他一上台,就把他在这个单元的综合性学习中所编的小报展示在我们面前。小报做得很不错,排版合适,版面美观,内容也很丰富。他讲到了他在农村的所见所闻以及他是如何编制这张小报的,讲得很流利。可惜他有点胆小,声音太轻了。

过了一会儿,就轮到我们组了,我的身体在颤颤发抖。虽然紧张,但已经没有上次那么紧张了。只见王老师把纸团放在手心,摇啊摇……放在桌子上。组长傅同学犹豫地拿起一颗,当他颤抖地打开那颗纸团的时候,我的心都快要跳出来了。他说"7"的时候,我长长地吁出一口气,心终于放松了下来……

这次虽然没有抽到我,但我不能抱侥幸心理,下一次要更认真准备。

胸有成竹的乖乖女

下午第一节课的上课铃响了。王老师宣布本次口语交际开始。……

第三小组的梁组长慢慢地走上讲台。结果正好抽到了她自己：6号。她一点也不紧张，开始讲了起来……很快就讲完了。

我们小组第6个出场。组长葛同学在那些小纸团中间挑来挑去，他不知拿哪一个好。最后拿起一颗，小心翼翼地打开来：6号！——这不是我吗？

我走了上去，稍微有一点儿紧张。我心里想：我的声音一定要响亮，不要让别人看出我的胆小。因为这是我第一次上台在全班面前进行口语交际，要给大家留个好印象。

我把前几天精心准备的内容全都讲了出来，中间还配了几个动作，也很顺利地结束了。大家给了我一阵热烈的掌声。

结果出来了，我们小组是第一名，口语交际成绩可以加8分。耶！太棒了！

不可貌相的懒男生

经过这次口语交际，我改变了对王同学的看法。

这还得从星期四放学前说起。离放学还有一点时间，王老师让各组组长把组员们召集起来，在自己组里再练习练习，以便明天（星期五）的口语交际有一个好成绩。

沈组长把我们都召集了过去，大家一个接一个地轮流讲，都讲得很认真。轮到王同学了，他却说："算了，算了，反正不一定抽到我。差就差呗！"他的这一句话和满不在乎的神情，引起了大家的强烈不满。我们怎么劝都劝不动他。被气得火冒三丈的徐同学就把他告给了王老师。

王老师让我们鼓励他，留下来陪他，一定要让他讲，可他死也不讲。王老师当机立断："明天你们组不用抽号了，就指定王同学讲。"为此大家都不欢而散。

星期五下午第一节课到了，我们组的同学无精打采地坐在位子上，准备听天由命。

前面的组都讲好了，轮到我们组了，本以为王同学一定不会上去，即使上去了，也会讲得很烂。可谁知，他讲得挺好的，还很风趣。我们简直不敢相信，他为我们组得了第四名。下课后，四个男生激动地抱在一起哭了，我们两个女生也感动得热泪盈眶。

我觉得王同学其实挺聪明的，只是他平时不努力罢了。王××，加油！

不由人算的"号"和"分"

星期三上午的语文课，我们又进行了一次口语交际比赛。王老师宣布开始后，我们组的傅同学上去抽签，一看是第四个出场，真是好手气。

第四组的组沈同学则手气不佳，摸到了一个"8"，他自己也一个劲地自责。

第一个出场的是第二小组的樊同学，他的声音很响亮，介绍得也不错，就是显得有点紧张，我们组的评委给了他7分。

过了两个小组后，轮到我们组了，我在心中祈祷着："千万不要抽到我，也不要抽到杨同学，他介绍的消息可都是'垃圾消息'。"转眼间，傅同学已抓起了一个纸团。我们组的同学都屏息凝视着，此刻空气似乎已经凝固了。

　　我感觉命运就像在和我开玩笑——偏偏是"7"。怎么又是"7"呀？我可是第二次被抽中了呀！无奈，我只好走了上去，介绍了起来。开始还算顺利，可后来就有点儿不流畅，最后，我只拿了45分。我想：这次可完蛋了，要对不起大家了。

　　第三组的楼同学出场了，他讲得很搞笑，竟然拿到了54分。他们小组的人可高兴得不得了，掌声又一次响起。

　　按黑板上的总得分看，我以为我们小组可以拿定第三名了。想不到第八个出场的葛同学竟然后来居上，拿了个48分，把我们组狠狠地拽到了第四。结果我们组每个同学都加了5分。

　　这次口语交际有太多的意想不到，太精彩了！同时我又一次得到了锻炼的机会，口语交际，第四单元见！

　　几个小小的数字，是游戏化教学的资源，是生生互动的平台，是课堂评价的按钮，也是心理教育的抓手。全班学生一个也不落下，课前，积极投入；课中，尽情参与；课后，相互鼓励。由此，强者越来越强，弱者逐渐变强，学生提升了耐心专注地倾听、勇敢自信地表达、文明得体地交流的口语交际素养。

　　在"口语交际"这一款游戏中，本书呈现的故事，只是故事海洋中具有代表性的一粟，因为每一堂课都有故事，每一个人都有故事。虽然故事的主角不同，但他们都从这些故事中得到了积极的发展；虽然是同一节口语交际课，但每个学生各有各的成长经历；虽然是同册同单元的口语交际，但不同教学班的学生因老师实践探索的进程不同而具有各自的心育意义。

　　课堂故事多，充满喜和乐。读着他们的故事，仿佛就在现场，紧张着他们的紧张，激动着他们的激动，收获着他们的收获，快乐着他们的快乐。这里有两点需要说明：一是根据教材安排，有些单元的口语交际内容与习作内容一致，所以有几个写作故事也安排在其中；二是同一个口语交际内容，如六年级下的"学会生存"，因教学班级（届次）不同，老师探索的进程不同而呈现出明显不一样的课堂氛围。

目标凝聚团队，规则培养习惯，反馈呈现距离，自愿即是参与。

个案故事：口语交际　有备无患

口语交际，哦！一个尖锐不可逃脱的词语。不过，我是一个运势特高的人，除了上学期抽到了一次，得了一个"老二"外，连每课一次的问答比赛都没有抽到过。

可怜了我，每次都是那么认真准备——1. 布置那天起，开始构思；2. 写稿子；3. 读稿、背稿；4. 配动作、语言、神态；5. 添加高科技：PPT、贴画（贴在黑板上的手工自制绘画作品）；6. 配上谜语小游戏或边讲边画的绘画顺序；7. 每天练一遍给爸爸妈妈看……当然，事实也没有白准备，不但对本单元学习更加深入、作文写起来容易，而且，抽号时一点也不紧张：抽到了，我已经准备好了！所以每次组长"钟大人"问我"准备好了没有？"时，我总是很自信地回答："OK，OK啦！"

今天，我带着PPT和贴画、谜语（记在脑子里）、绘画顺序稿纸，加上一袋满满的信心，来到口语交际教室。

组长大人又在挨个儿问了："准备好了吗？""OK！""准备好了吗？""OK！"

组长问王同学："准备好了吗？""OK！当然OK，都快可以倒背了！"是吗？我还倒背不了呢。但是，我相信你，信心满满地看着我们组的"朱子"先生去抽出场号了。

该我们组出场了，"朱先生"说："1。"我想起来，刚才组长大人一直在算命：抽第几张能抽到我，结果算出是第一张。

呵，可是人算不如天算，王老师翻出第一张卡片给我们看，"4号同学！"

No，不不不。但王同学刚才说她早准备得可以倒背了，那说不定可以拿第一呢！我收拾了一下自己准备的PPT之类的东西，盯着王同学。

"大家好，我是第四小组的王XX。"第一句话声音具有极大的穿透力，我放心了，继续听。可是，下一句"xxxx年，一个站台着火了……"这声音小了400倍，真是"死了100倍"了！动作没有，声音小，脸部僵硬，说话断断续续的，就像挤牙膏似的，还下意识地拉衣角……

结果，不看也明白，我们组落了个"老幺"。

下课了，我呆呆地看着她，突然怒上心头，站起来，跑过去，大声问："王××，你准备了吗？"

"蒋蒋，对不起，我是准备好了的，可就是忘词了。"看着她一脸苦瓜样，想想她也不是故意的，她已经尽力了，我也不生气了。

我心平气和地安慰她说："下次，我和你一起准备，多练习几遍，上台就不害怕了，就不会忘词了。加油！"

呵，有备无患，无备有患啊！

目标凝聚团队，规则培养习惯，反馈呈现距离，自愿即是参与。所有的游戏都有四个特征：目标、规则、反馈系统和自愿参与[1]。口语交际作为一个游戏项目，团队目标的设置要有利于凝聚团队的力量，让全体成员心往一处想，劲往一处使，为了取得好名次而不懈努力；规则面前人人平等，每个有可能被抽中的同学都要早做准备，养成自觉主动学习的习惯；反馈则由各组评委按要求公平公正地打分，公开给出一个结果，给各小组呈现成绩与目标之间的距离；自愿即是全班同学全身心地参与课堂活动，共同分享自主学习的成果。

为了达到游戏的目标，各团队之间的竞争非常激烈。

首先，必须是人人都做好准备，因为参赛选手是在比赛现场产生的，所以最忙的人是组长大人，不但自己要带头准备好，还要挨个儿问："准备好了吗？"只有组员们都准备好了，组长们的心才可以暂时放下。

其次是赛前的准备一定要充分，小作者"我"的准备可以说是无懈可击的：1. 布置那天起，开始构思；2. 写稿子；3. 读稿、背稿；4. 配动作、语言、神态；5. 添加高科技：PPT、贴画（贴在黑板上的手工自制绘画作品）；6. 配上谜语小游戏或边讲边画的绘画顺序；7. 每天练一遍给爸爸妈妈看……这个准备过程让"我"在许多方面都得到了锻炼。

然而，每个个体的情况是不尽相同的，有的同学只要准备了，就可以正常发挥；有的同学尽管充分准备了，但还是免不了因紧张而怯场。"声音小，脸部僵硬，语言不流畅像挤牙膏似的，下意识地拉衣角……"这些容易紧张的同学，他们的内心是多么害怕呀，只有让他们多次练习，才能慢慢战胜那个胆小的自己。

再是抽号现场很刺激，谁都不能掌控抽到团队中的哪一位，而出场同学的成绩就是整个团队的成绩，因此，抽到"长板"的团队欢天喜地，抽到"短板"的团队忧心忡忡。但无论是"长板"

还是"短板",最后的结果还在评委那里。

最后反馈的结果出来了,总有几个团队排在前面,达成了目标,也总有几个团队排在后面,与目标有较大的差距,"几家欢喜几家愁"是每次口语交际结束时的常态。

"我"在经历了"怒上心头、站起来、跑过去、大声问"一系列的感性反应后,"看着她一脸苦瓜样,想想她也不是故意的,她已经尽力了,我也不生气了。"于是心平气和地安慰了起来:"下次,我和你一起准备,多练习几遍,上台就不害怕了,就不会忘词了。加油!"虽然这次没有达到目标,但重新攀登高峰的信念更加坚定,这是"我"在口语交际训练之外的又一个重大收获。

【注】①《游戏改变世界》,【美】简·麦戈尼格尔著,闾佳译。

荣耀,与学习产生美好链接。

个案故事:口语交际,我喜欢上了你!

这单元的口语交际,内容是谈谈自己从动植物身上得到想发明什么的启发。昨天的语文课快下课的时候,老师知道我没有认真准备,就指定我代表我们小组上台交流。

放学回到家,我赶紧准备起来,因为我不想拖小组的后腿。我准备了四张草图:导航图、蛛丝蛛网发射器、蜘蛛套装、蜘蛛吸盘。

今天的语文课,轮到我上台了。我拿着四张草图,跨开了步子,轻松地走上了讲台。虽然我有点紧张,但我大声地讲了起来:

"大家好！我是来自第三小组的卢卢。现在我给大家说说我从蜘蛛身上得到的一些想法。请大家看我的四张草图……"我把草图一一展示在大家面前，"当我们穿上蜘蛛服装，戴着蜘蛛吸盘，在导航的指引下，凭借蛛丝蛛网发射器的威力，可以像美国电影里的蜘蛛侠一样，随心所欲……"我津津有味地介绍着，仿佛我真是成了蜘蛛侠，在宇宙中穿梭。不一会儿，我介绍完了，同学们给了我一阵热烈的掌声。这一刻，我才觉得原来上台演讲是多么光荣啊。

8个小组代表演讲完了，该评委亮分了。我的分数分别是9、9、9、10、10、10、10，总分67分！！！此时此刻，我再也无法抑制内心的激动，大声呼喊起来："耶！"

这下，我明白了：原来世上无难事，只要努力，我也能行！

口语交际，我喜欢上了你！

【注】8个小组的评委只有7人亮分，还有1人按规则回避，不能为自己小组的选手打分。

荣耀，与学习产生美好链接。此文与后面的《卢卢，你好伟大！》是姊妹篇，两位小作者从不同的角度写出了自己的经历和感受。本文作者"我"开始时对口语交际的态度是消极的，因为被老师知道没有认真准备而被指定，明天要代表小组上台进行口语交际。突如其来的压力把"我"叫醒了，就"赶紧准备起来"。其实"我"赶紧准备的原因是"我"不敢拖小组的后腿，小组的压力比老师的压力更大啊，也就是说为了整个小组的成绩，"我"没有退路。

一个晚上的时间，"我"不仅准备了四张草图：导航图、蛛丝蛛网发射器、蜘蛛套装、蜘蛛吸盘,更准备了把这四张图串起来,成为蜘蛛大侠的故事——口语交际的内容。这个过程虽然是被动的,是艰苦的,但一定也让"我"有小小的成就感,只是在文中没有表达出来。

准备充分的"我"有了底气,在课堂上"跨开了步子,轻松地走上了讲台"。"虽然我有点紧张,但我大声地讲了起来"这紧张可能是有点不够自信,更可能是第一次以这样的方式上台进行口语交际。"我"全心投入演讲了,介绍得津津有味,"仿佛我真是成了蜘蛛侠在宇宙中穿梭"。

荣耀,在"我"讲完的那一刻开始:"同学们给了我一阵热烈的掌声。"这掌声是认可,是鼓励,是赞扬,是对"我"的高度评价。被同学们肯定,或许是"我"从来都没有的体验,"这一刻,我才觉得原来上台演讲是多么光荣啊。"

不仅如此,当看到评委给"我"的分数"9、9、9、10、10、10、10,总分67分!!!"时,"我"简直就是欣喜若狂,从来没有这样成功过,从来没有这样荣耀过,"此时此刻,我再也无法抑制内心的激动,大声呼喊起来:'耶!'"

这一刻骨铭心的体验,改变了"我"对世界的看法:"原来世上无难事";改变了"我"对自己的看法:"只要努力,我也能行!";也改变了"我"的学习行为,让"我"与学习产生了美好链接:"口语交际,我喜欢上了你!"

纳奇斯，骄傲着他人的骄傲。

个案故事：卢卢，你好伟大！

上上星期五，王老师给我们布置了一个作业：综合性学习，在三种形式中任选一种：一是观察大自然，看看有什么发现，受到什么启示；二是了解人类从大自然中受到启发，有什么创造发明；三是自己动动手，做做实验或搞搞小发明。成果汇报就在口语交际课里展示。在近两个星期的准备中，我一直很认真。

我一向认为自己运气好（我经常被抽到），能为我们小组带来好成绩，这次肯定也是。我准备的是《蜗牛的启示》，我想发明一双"蜗牛鞋"，还画了设计图。我信心满满地等待着这次口语交际课的到来。

然而，事与愿违，就在昨天，王老师搞了个突然袭击，问我们谁还没有准备好。老实巴交的卢卢站了起来。我本以为就这么过去了，没想到王老师说："第三小组明天不用抽号了，就指定卢卢！"此时开始，我的心情经历了苦不堪言、半信半疑、欣喜若狂三部曲。

我一听到我们组指定卢卢上场，整个人就如同五雷轰顶，天昏地暗，苦不堪言哪！别组的同学都幸灾乐祸地笑了，他们认为有卢卢垫底，自己就安全了。唉，有什么办法呢？我可替卢卢急死了，恨不得钻个地洞，把他塞进里面算了。唉，没办法，我只能苦笑。事已至此，看来，我得帮助卢卢特训了！

下课后，我又问卢卢："你到底有没有准备好？"卢卢还是若无其事的样子，说只准备了一半。我半信半疑，连忙给他提供了一系列台词，告诉他用图画展示自己的设计。放学时，我再次拍拍他的肩膀鼓励他："好好准备，你明天一定能出色发挥的！"他总算一本正经地给我点了个头。唉，老天爷，希望我的口舌不要白费！

回到家，我还是很担心卢卢，不知他晚上会不会认真准备。

第二天早上，卢卢一到学校，我马上就问："准备得怎么样？""是呀，准备得怎么样？"我们小组的同学都围着他问。他说已准备充分，并拿出了设计图给我们看。我觉得还不错。可是还是担心：万一出一点闪失怎么办？算了，看他的了！

口语交际活动开始了，我一直很紧张。轮到卢卢了，我的心跳到了嗓子眼！只见卢卢走上了讲台，他声音响亮，一边做着肢体动作，一边指着设计图。他讲的是《蜘蛛的启示》，他想发明发射器——冲击力很大，速度很快的发射器。待他顺利讲完后，我终于松了一口气。

不一会儿，成绩出来了。卢卢竟然得了第一名！我欣喜若狂地呼喊："卢卢，你太伟大了！"王老师也问他为什么讲得这么好，他说："昨天晚上我都在认真准备，妈妈也帮我出谋划策。"同学们听了也非常感动，不住地为他鼓掌。

是啊，只有认真准备，才能使自己有底气，有信心，才能取得成功！这次综合性学习（口语交际）活动，让我受益匪浅！

纳奇斯，骄傲着他人的骄傲。纳奇斯指的是我们教导或指点的某人成功时，我们产生的骄傲爆棚感。对自己的成功，我们很少说"骄傲爆棚"，但我们会为别人的成功"骄傲爆棚"，说明纳奇斯的感受比个人自豪感更具爆发力。

文中的"我"骄傲爆棚，是因为卢卢成功的背后有"我"的许多付出：

　　1."我一听到我们组指定卢卢上场，整个人就如同五雷轰顶，天昏地暗，苦不堪言哪！"

　　2."我得帮助卢卢特训了！"课后"连忙给他提供了一系列台词，告诉他用图画展示自己的设计"。

　　3."放学时，我再次拍拍他的肩膀鼓励他：'好好准备，你明天一定能出色发挥的！'"

　　4."回到家，我还是很担心卢卢，不知他晚上会不会认真准备。"

　　5."第二天早上，卢卢一到学校，我马上就问：'准备得怎么样？'"

　　6.当"卢卢说已准备充分，并拿出了设计图给我们看"时，虽然"我觉得还不错""可是还是担心：万一出一点闪失怎么办"。

　　7."轮到卢卢了，我的心跳到了嗓子眼！"

　　8."待他顺利讲完后，我终于松了一口气。"

　　"我"心急如焚，"我"帮助鼓励，"我"担心紧张，"我"期待成功，所以卢卢得了第一名比"我"自己得第一名还要欣喜若狂。纳奇斯，骄傲着他人的骄傲，这是必然的！

　　卢卢是"我"的队友，如果他这次口语交际失利，意味着我们整个团队都会受损。如今他的胜利，当然是我们整个团队的荣耀。"欣喜若狂"之余，"我受益匪浅"，还有更多的收获……

互评作文，了解别人，认识自己。

个案故事：记一次辩论赛

  新学期，我们在开始学习第一单元课文时，王老师布置了一个作业：准备辩论赛"开卷是否有益"，并确定好正反方，我们组抽到了"反方"。老师又说："下星期五辩论。"

  于是，我一回到家，便开始准备辩论赛。首先，我先去上网查"开卷未必有益"的资料。然后，我就开始了严格的筛选，把最好的找出来，抄在便利贴上。我又在小组群里和同学们讨论，在同学们的建议下，我定下了辩论的内容，才算完成了各项准备。（王同学批：这里写出了你认真准备的过程，值得我学习。）

  星期五上午第一节语文课，辩论赛马上开始了，教室里洋溢着紧张的气氛。开始抽号了，大家迫不及待地等待着结果，结果出来了：第一场：第1组VS第5组；第二场：第6组VS第7组；第三场：第2组VS第4组；第四场：第3组VS第8组。

  首先是第一组和第五组上场，他们双方展开了激烈的辩论，不分上下，你一句，我一言，讲得十分精彩，为辩论赛开了一个好头。

  接着，就看我们组和第七组的"战争"了。我先开篇陈词："刘向说：'书犹药也，善读之可以医愚。'若是良药，必能药到病除；可若是毒药，便会置人于死地。看经典名著使自己心智清明；可也有人看了一些内容不健康书籍而走上歧途。所以，我们认为开卷未必有益。"对方的王同学也很快阐明了自己的观点，"战争"便爆发了。他们正方说一句，我们反方立即反驳："不好的书就像不好的朋友，可能会把你害了。""如果片面理解开卷有益，认为所有的书都可以读，这是不对的。""我们看书要有选择，那些不健康、对我们没有帮助的书不能看。"……

我们像吵架似的表达自己的观点，双方谁也不让谁。终于激烈辩论的十分钟过去了，大家意犹未尽地回到了座位上。（王同学批：你们组的人太厉害了，我们斗过不你们，特别是我一点也使不上劲，只能是又气又急。）

接下来的第三场、第四场都非常精彩，让我印象颇为深刻的是陈同学PK杨同学。杨同学说："杜甫说：'读书破万卷，下笔如有神。'高尔基说：'书籍是人类进步的阶梯。'，很多名人都是说读书有益，所以我们认为开卷有益"。话音刚落，陈同学立刻站起来反驳道："虽说开卷有益，但如今有很多不健康的书正充斥着市场，它们不但无益，反而有害。你又怎么能保证青少年不买不看呢？"掌声一阵又一阵，直到时间到，王老师叫停了为止。（王同学批：你听得很专心，记性也好！）

第四场比赛一结束，评委们就亮分了，我们组战胜了王同学他们组。耶！我们都欢呼雀跃起来。（王同学批：我当时很生气，觉得很没有面子，恨不得把你们组打一顿。）

在这节既紧张又有趣的语文课，我收获了许多：开卷有益，但读不好的书不仅无益还有害。我们应该阅读经典名著和适合我们年龄段的书籍，坚决不看不利于我们健康成长的书。（王同学批：写出了这次辩论让我们明白的道理。）

（王同学总批：你的认真让我觉得上次我在输了比赛后发脾气是不应该的。你们组在背后是这样努力准备的，赢了我们是应该的，我们输得心服口服。）

互评作文，了解别人，认识自己。五年级上第一单元的《口语交际·习作一》的教学内容：在本单元"我爱读书"的"综合性学习"之后，进行口语交际和习作。口语交际的内容是辩论：开卷有益（开卷未必有益）。之后以"记一次辩论"为题，写一写这次辩论会的经过。习作完成后，老师有意安排习作互评，目的是学习评改作文，同时增进同学之间的学习和了解，从而更好地认识自己。

同学之间互评作文有很多好处：1. 体验老师角色的权威，激发写作兴趣；2. 准确把握写作要求，提高写作能力；3. 学习别人的写作方法，欣赏他人的写作风格；4. 帮别人修改不足之处，达到教学相长的效果；5. 对比他人，鞭策自己……

《记一次辩论赛》的小作者"我"记叙了一次辩论赛的经过，比赛前精心准备，辩论时针锋相对、咄咄逼人，最后取得胜利，欢呼雀跃。然而对方组的情况却不尽相同，让这两组同学开展互评，不仅学习写作，更是互相了解辩论赛背后的故事。批改人王同学的评语表达了对作者的认同与赞赏："写出了你认真准备的过程，值得我学习。""你们组的人太厉害了！""你听得很专心，记性也好！""你们组在背后是这样努力准备的，赢了我们是应该的，我们输得心服口服。"同时也看到了自己的很多不足："我们斗过不你们，特别是我一点也使不上劲，只能是又气又急。""当时很生气，觉得很没有面子，恨不得把你们组打一顿。""我觉得上次我在输了比赛后发脾气是不应该的。"可以想象王同学比赛时力不从心的神情和比赛后气急败坏的表现，此时已化作了满满的歉意和虚心，失调的认知达到了平衡，失控的情绪完全平和了下来。这次习作互批互评也可以说是一次平衡心理、走向成熟的历练。

观察学习，学到的都是精华。

个案故事：人物故事会专场

你知道吗？今天，我看了一场故事会，而且是专场，更重要的是2个字：免费！下面我就一一讲述给你听吧！

NO.1：第二小组组长车同学。她讲的是她的闺蜜：沫小鱼，总体介绍了她的大方、与人投缘、美术好三个方面的特点。详细讲了沫小鱼的美术好，是通过"迪斯尼公主"这个事件体现出来的，用了好多描写人物的方法，我觉得很棒！32个赞！

NO.2 and NO.3：应同学和沈同学这两个同学可谓十分认真。我给他们各提了一个建议：应同学，你给妈妈打电话时的语调可以低一点，语气可以再弱一点，这样或许能更好地表达自己的委屈；沈同学，我建议的是一个细节，演讲的时候，眼神不要晃来晃去，如果目光指向教室中间的方向，或许给我们台下观众的感觉会更舒服。

NO.4：一班之长的尉同学。他讲的是朱同学，特点十分鲜明——双重多嘴王，以数学课上的"杨辉三角"为例，从朱同学的语言及讲话时的神态动作几个方面，反映出朱同学的敢于表达、急于表达的个性，最后一句总结"他懂，老师懂，我们不懂！"把全班同学都笑翻了，16个赞！

NO.5 and NO.6：裘同学和徐同学，我都给她们各打9分。我觉得裘同学可以多一些对表姐的语言描写；徐同学可以适当删除对自己正面叙述，增加对妈妈的语言或动作的描述，把妈妈的"逗"全都暴露出来。

NO.7：这是我们组的谢同学。她讲的是那又爱又恨、擅长耍赖皮的亲妹妹，谢××，小名小天。通过姐妹俩一次在画室的互动体验，充分展现了妹妹活泼可爱，富有灵气的性格特点，从中用了多种描写人物的方法，把妹妹活灵活现地呈现在我们面前。给她64个赞！

NO.8：这是一名重量级的压轴选手——陆同学。他一上台就说自己讲的是《李逵打四虎》，我一听就觉得不太好，因为是课外"搬"来的。后来听下去，我发现他把书中精华的内容引用了进来，其余的内容作了改动。最后下场的时候，他把李逵因老娘死了而伤心的表情表演得十分到位。非常棒！

"今天，8个被抽中的同学都是组里的猛将，个个不错。"最后在我评价的时候，王老师居然说："如果你上来，那也是猛将！"哇！幸福感爆棚啦！！！

这场故事会让我明白了：一要相信自己；二要选好内容；三要知道机会是给有准备的人的！

加油，诺诺！

观察学习，学到的都是精华。班杜拉的观察学习理论告诉我们，在观察学习中，学习者只要通过观察他人在一定环境中的行为，并用这些观察到的行为来指导自己的行为，就可以完成学习。观察学习有三种：1. 直接的观察学习，即学习者对示范行为简单的模仿；2. 抽象性的观察学习，学习者从示范者的行为中获得一定的行为规则或原理；3. 创造性的观察学习，学习者从不同示范行为中抽取出不同的行为特点，并形成了一种新的行为方式。

本文小作者的观察包括：用耳朵倾听、用眼睛观看、用脑子思考。

用耳朵倾听内容：小作者对8位选手的讲述听得非常仔细，不仅对每一位选手的内容作简要的概括，还听他们讲述的语气和语调，如"应同学，你给妈妈打电话时的语调可以低一点，语气可以再弱一点，这样或许能更好地表达自己的委屈"。说明其当时参与课堂的专注度足够高。

用眼睛观察行为表现："沈同学，我建议的是一个细节，演讲的时候，眼神不要晃来晃去，如果目光指向教室中间的方向，或许给我们台下观众的感觉会更舒服。""最后下场的时候，他把李逵因老娘死了而伤心的表情表演得十分到位。"台上同学的一个眼神，一次举手投足都没有逃过小作者的眼睛，还对他们的这些外在表现表达了自己的感受。小作者在观察中不但学到积极的行为特点，还对一些"特别"的行为表现做出评价，这也是在提醒和指导自己以后的行为。

用脑子分析思考：分析思考是倾听的核心，在整堂课的倾听中，小作者对照本单元学习的要求（抓住某一方面特点写一个人）去评价台上同学的讲述，如："他讲的是朱同学，特点十分鲜明——双重多嘴王，以数学课上的'杨辉三角'为例，从朱同学的语言及讲话时的神态、动作几个方面，反映出朱同学的敢于表达、急于表达的个性。""她讲的是那又爱又恨、擅长耍赖皮的亲妹妹，谢××，小名小天。通过姐妹俩一次在画室的互动体验，充分展现了妹妹活泼可爱，富有灵气的性格特点，其中用了多种描写人物的方法，把妹妹活灵活现呈地现在我们面前。"这样的分析思考，学到的不仅是口语交际，还有描写人的表达方式，更有如何把最好的自己展示出来的技巧。

从文章的内容看，小作者的观察学习属于"抽象性的观察学习"，但根据观察学习的规律和学生发展的特点，下一次如果有机会上台展示，小作者一定会呈现"创造性的观察学习"的内容，所以老师相信："如果你上来，那也是猛将！"

辩论，提升思维的品质。

个案故事：精彩的辩论会

终于，在我努力奋斗了两个星期之后，迎来了今天这一场精彩的辩论会。我扫视整个教室，只见八个小组的组员人人眼中闪着光芒，个个都是一副跃跃欲试的神情。

这次辩论会的主题是：讲诚信与善意的谎言。我在反方组，观点是：可以撒善意的谎言。为了这次辩论会，我在家里发奋图强，把妈妈帮我复印的稿子，反反复复地看了十几遍。成功背下了几则小故事。为了能更好地发挥，我在家里让姐姐当正方，我当反方，试辩过几次，效果还不错。心想："这次的辩论会，我们组肯定能赢！"

第一场辩论是在高同学组与谢同学组之间展开的，她们简直不相上下，却把队友给忘了，参与面不是很广，按比赛规则，每个人都要出场。所以，气氛不够热烈。

第二场，该我们出战了。我自信满满地上场，松了一下骨头，猛瞪对方队员俞×岑一眼，向他发出了挑战信号，他也不示弱，马上向我亮了个右拳。两支队伍一上场，气氛立刻变得紧张起来。双方主辩阐明观点后，我们的组长尉同学出阵了，他说："当贫穷的母亲把仅有的饭菜留给儿女，同时隐瞒了自己还饿着肚子的事实，难道您还要指责善良崇高的母爱'不诚信'吗？其实生活中我们随处可见善意的谎言的影子，从病榻前含泪的安慰到委婉拒绝时的客套，从爱人间的海枯石烂到诗人笔下的绮丽夸张，但它们都因为善意的谎言而让对方得到心灵的慰藉！"谁知，对方并不紧张，不紧不慢的话语给了我们狠狠的回击："这些不都是不诚信吗？"轮到俞×岑说了："对方二辩请注意，即使是善意的谎言，但撒谎，是与诚信相悖的行为，所以，不管谎言出于什么目的，撒谎必然会有碍于诚信。所以，在此我要大声疾呼，让我们拒绝善意的谎言，共同打造诚信社会。"

他刚说完，我就想站起来，可被楼同学抢了先。待对方组长徐同学说完，我立马回应："善意的谎言与诚信是不同范畴的道德规范，它们不会发生矛盾，就像地上的汽车不会撞上天上的飞机一样。善意的谎言，从出发点和结果看都是为了保护对方，是一种人文关怀。世界会因为善意谎言的存在，而变得更美好，更温馨，更和谐。所以，生活中我们可以用善意的谎言去帮助身边的人。"

没想到我这一番话这么有压迫力，对方组猝不及防。徐组长看着自己组乱了手脚，赶紧顶上来，组员们只能暂时"稍安勿躁"。

最后，尉组长的一番话更是让我们大获全胜，他说："对方一辩论述中指出：当一个人面对两种义务时，当彼此矛盾时，要缓解另一种义务。但对方辩友并没有论述善意的谎言与诚信是矛盾的啊，怎么能直接下结论：善意的谎言一定会缓解诚信义务呢？请对方辩友注意，我方一辩已清楚陈述，谎言具有欺骗的功能，只有恶意的谎言才是出于欺骗，请正方不要把'谎言'概念的外延缩小。"

这次的辩论会我懂得了：生活中可以有善意的谎言，但做人必须讲诚信。

辩论，提升思维的品质。思维是智力和能力的核心。思维品质是人的思维的个性特征，主要包括深刻性、灵活性、独创性、批判性、敏捷性和系统性六个方面。

深刻性是指思维活动的抽象程度和逻辑水平，涉及思维活动的广度、深度和难度。

灵活性是指思维活动的灵活程度。灵活性强的人，智力方向灵活，善于从不同的角度与方面起步思考问题，能较全面地分析、思考问题，解决问题。

独创性是指思维活动的创造性。在实践中，除善于发现问题、思考问题外，更重要的是要创造性地解决问题。

批判性是思维活动中独立发现和评判的程度。

敏捷性是指思维活动的速度，它反映了智力的敏锐程度。

系统性是指思维活动的有序程度，以及整合各类不同信息的能力。

思维品质可以通过多种方法提升，如开阔视野，丰富思维的源泉；如养成独立思考的习惯，善于提出问题，分析问题，解决问题；如学会用唯物辩证的方法思考问题，实事求是，客观、全面有联系地看待问题；如发展语言，丰富语言，提高语言修养……

方法只是练习的形式，提升才是真正的目的。合适的就是最有效的，高段语文口语交际中共安排了3次辩论，主要目的是提升学生的思维品质。

这篇学生的习作中可以看出，辩论赛对学生思维品质的提升非常有效。小作者在"努力奋斗了两个星期"中吸收了大量的信息，丰富了语言材料。家里与姐姐辩论，进行实战演练，为正式比赛做好充分的准备。在辩论赛现场（共有4场），小作者参赛前后观察学习其他3场辩论，得到的收获也足够他慢慢消化。轮到自己出场了，信心十足，气势逼人，放开胆子与对方唇枪舌剑，针锋相对。现场挑战所带来的冲击把思维训练放置在绝佳的境地，深刻性、灵活性、独创性、批判性、敏捷性、系统性应有尽有，就全班学生而言，虽然不同的个体起点不一样，提升的幅度也不一样，但人人都可以突破"最近发展区"。

个人成长是团队目标的"靶心"。

个案故事：勇气发芽了！

我有一个众所周知的缺点，就是没有勇气踏上口语交际的舞台，展示自我。其实这份勇气一直都被我藏在心底，从未"拿出来"过，直到那节口语交际课。

这是六年级上学期第七单元口语交际课，让我们讲讲自己的动物朋友。我立马想起了自己家的"没牙仔"！脑子里又冒出了一个念头：这一次我可以好好利用我家的"没牙仔"了。可不一会儿，这个念头就动摇起来——我犹豫了，因为我不敢上台。勇敢天使和胆怯天使在我心里打起架来，最后勇敢天使赢了：上去吧，就当是锻炼一下自己的胆子。

回到家，我精心制作了一个PPT，觉得还行。一想起自己能为小组取得一个好成绩，我信心百倍，怀着对"没牙仔"喜爱之情，一遍又一遍放着PPT，一遍又一遍地讲着我与"没牙仔"的故事。我假设着前面都是同学，边放PPT边大声地讲了出来。"嗯，差不多了！"终于觉得满意了，期待着明天的表现。

第二天我踏着紧张而又兴奋的脚步走进了教室，先跟组长说了一下，组长笑嘻嘻地对我说："哈，今天的口语交际，同学版和随机版都是你啦！"我点了点头。

终于上课了，我们小组是我抽号，我真的抽到了自己！我从容地走上了讲台，打开PPT，开始介绍我家那只猫——"没牙仔"：它叫没牙仔，是我根据《驯龙高手》这部电影来给它取的名。它的毛不是紧贴身体而是直立着

图为小作者家的"没牙仔"

的；毛色为均匀的蓝色，有独特的银色光泽，这是毛尖为银色所产生的效果。它的耳朵有点儿尖，黄色的眼睛蚕豆一般大。它被我养得胖乎乎的，脖子上给系了一个金灿灿的铃铛。瞧！我正在和它玩儿呢，它翻着一个又一个的跟头，一会儿往后面跳，一会儿向前面冲出去。玩累了就抱着它的兔子玩偶跑到它的地盘休息了，两颗豆子一般的眼睛眯了又眯，呼呼的喘气声在我耳旁响起……它——没牙仔，就是这样一只猫，有时候调皮捣蛋，让我哭笑不得；有时候爱耍小聪明，让我忍俊不禁；有时候很温顺，让我喜爱无比，它的来临使我的生活更加丰富多彩。今天的口语交际也让大家领略了它的风采……

我讲得津津有味，也许是故事很有趣，也许是大家不相信我高××也能大方地上台演讲，台下一片安静。

一切都挺顺利的，最后我不慌不忙地放了几张"没牙仔"的照片走下了讲台，如雷般的掌声响起。我笑了，组长笑了，王老

师也笑了。掌声停了，王老师说："高同学今天的表现从容自然，勇敢自信，有条不紊，声情并茂，功夫不负有心人啊！"我开心极了，我终于也敢走上讲台和同学们一起分享我的故事了。

埋在心底的勇气终于萌发出了嫩芽，相信以后这份勇气会茁壮成长。谢谢你，勇敢的高××！

个人成长是团队目标的"靶心"。团队目标为团队行动指明方向，具有凝聚团队力量的作用，是激励全体成员积极行动的力量源泉。团队中的个体在实现团队目标的过程中得到了锻炼和发展，在取得成就的同时不断完了善自己，实现了自己的个人成长。

本文作者的个人成长主要体现在"勇敢"这一特质中，勇敢是基于自尊的意识而发展成的能力。勇敢最重要的含义是不怕困难，果断向前，敢作敢为，毫不畏惧。勇敢可以是天生的，也可以是后天锻炼出来的。小作者"我"天生有勇敢的心——"其实这份勇气一直都被我藏在心底"，但没有勇敢的行动，"直到那节口语交际课"，可见勇敢的"胆"是后天锻炼出来的，勇敢的行为是需要锻炼平台的。

这个"锻炼"，时间有点长，勇气发芽的时间是："六年级上学期第七单元口语交际课"。小作者此前曾有过 N 次上台的机会，但都没有这一次的勇气十足。

这个"锻炼"，地点在变化，先是在心里："勇敢天使和胆怯天使在我心里打起架来，最后勇敢天使赢了：上去吧，就当是锻炼一下自己的胆子。"然后在家里："回到家，我精心制作了一个PPT，觉得还行。一想起自己能为小组取得一个好成绩，我信心百倍，怀着对'没牙仔'喜爱之情，一遍又一遍放着 PPT，一遍又一遍地讲着我与'没牙仔'的故事。"再是在心里和家里："我假设着前面都是同学,边放PPT边大声地讲了出来。'嗯,差不多了!'"接着是在同学之间:"第二天我踏着紧张而又兴奋的脚步走进了教室,先跟组长说了一下,组长笑嘻嘻地对我说:'哈,今天的口语交际,同学版和随机版都是你啦!'我点了点头。"最后在教室里,在全班同学面前:"我从容地走上了讲台,打开PPT,开始介绍我家那只猫——'没牙仔'""一切都挺顺利的,最后我不慌不忙地放了几张'没牙仔'的照片走下了讲台"。

练就一颗勇敢的心就像种子发芽,需要环境,需要时间,需要耐心。勇气发芽的同时,小作者的其他方面都在成长:具有了积极分享的能力——从容地把自己与"没牙仔"的故事讲给同学们听;提升了自主实践的能力——精心制作PPT,组织语言,边放边讲,直到满意为止;培养了勇于担当的能力——为了小组取得好成绩,主动向组长请缨,而且一举成功。

内因是变化的根本,外因是变化的条件,团队追求目标的氛围为个体的良好发展起到了助推和催化的作用,这就是游戏化教育的真谛!

"我那亲爱的口语交际"——心流的状态。

个案故事:我那亲爱的口语交际

这次口语交际的内容是"身边的艺术"。的确,本单元处处洋溢着艺术的气息。伯牙绝弦的《高山流水》是瑶琴;贝多芬的《月光曲》是钢琴;达·芬奇的《蒙娜丽莎》是油画;吴霜写的《我的舞台》则是讲评剧伴"我"一路成长的故事。

我学钢琴已经六年了,这次口语交际就讲讲我与钢琴的故事吧。经过一番思考，我从六年的学习生活中挑选了4件最有代表性的事。反复斟酌后，我为这4件事敲定了标题，后来又觉得数字1、2、3、4太没劲，忽然灵机一动，就改成了"第一乐章""第二乐章"……这样一来，我就把六年的钢琴生涯谱成了一篇有悲有喜的曲子。我真佩服我自己！

标题如下：

第一乐章：稚嫩的双手　摘下天边的云彩

第二乐章：脚下是荆棘　头顶是王冠

第三乐章：天边是黑暗　手中是残阳

终章：横向黑白　奏响白与黑的乐章

大标题与终章一样——横向黑白　奏响白与黑的乐章

我记得王老师曾说过："把自己喜爱的事变成一生事业的人是最幸福的人。"是啊，把自己喜爱的事变成自己一生的事业，是需要一定的能力的！

我已经想好了，把结尾的"谢谢大家"变成了"静听琴声如述"，然后去客厅录了两首曲子作为这次口语交际的背景音乐。现在的我身经百战，录个背景音乐啥的都是小菜一碟。

我们马上就要升入初中了，钢琴可能会没有时间再练了，但我希望我以后遇见钢琴的时候，就如遇见小学时那美好的钢琴时光，能记起：以前我也弹过！

口语交际，加油啊！

具体内容不透露……

听，语文课的欢声笑语

上午第一节语文课，口语交际如期举行，胡同学抽号，抽到了同学版。全组同学的目光顿时像舞台上的聚光灯一样把我照亮了。我默默地走上了讲台，内心微微激动，点开了PPT，点开了"幻灯片放映""从头开始"。念出了大标题："横向黑白，奏响白与黑的乐章"，有些人预料到了我会演讲得很精彩，眼中闪起了好奇的光芒。

"第一乐章 稚嫩的双手摘下天边的云彩"众人的目光聚焦到了我的身上，我仿佛站在风口浪尖，勇敢地迎接上了他们的目光。"这一章，我要讲我是如何结识钢琴的，我想学钢琴，小部分原因是它的声音好听，而大部分是因为觉得姐姐们的裙子很好看"这时，底下一片哄笑声，我暗暗地给自己打气，加油，效果很好啊！

讲完了前几个乐章，心绪如同脱缰的野马，不知飘到了哪里，于是我加快了讲述速度。我努力抑制着体内使语速变快的洪荒之力，直至最后一句"当我以后遇见钢琴，就仿佛遇见了那个如青梅般酸涩的夏天。静听琴声如诉……"然后呼出一口气，把视频点开——娴熟的手指的琴键上舞动，优美的乐曲缓缓流淌……放完视频，我从容走下讲台。

"我那亲爱的口语交际"——心流的状态。心理学家米哈里·契克森米哈赖定义心流为一种将个体注意力完全投注在某活动上的感觉；心流产生时同时会有高度的兴奋及充实感。我们熟悉的《庖丁解牛》："庖丁为文惠君解牛，手之所触，肩之所倚，足之所履，膝之所踦，砉然向然，奏刀騞然，莫不中音。合于《桑林》之舞，乃中《经首》之会。"庖丁告诉梁惠王："虽然，每至于族，吾见其难为，怵然为戒，视为止，行为迟。动刀甚微，謋然已解，如土委地。"说的就是庖丁全身心投入解牛时的心流的感觉。还有我们语文教材中的刷子李刷墙（《刷子李》）、罗丹雕塑（《全神贯注》)、聋哑人画金鱼(《鱼游到了纸上》)等课文也都反映了个体把注意力完全投注在某种活动上的状态——心流。

个体进入心流状态时,感觉非常鲜明:1. 全神贯注,注意力高度集中,完全沉浸在自己所从事的工作之中,忽略了外在所有的影响;2. 知行合一,行动和意识完美地统一,已经变成了一种自动化的,不需要意识控制的动作,有一种行云流水般的流畅感;3. 驾轻就熟,对自己的行动有一种完美的掌控,不担心失败,不担心结果,不担心评价,充分体验行动的过程,感受到自己每一个动作精确的反馈。

同时,个体的体验也非常强烈:1. 物我两忘,自我的意识暂时消失,此时不知是何时,此身不知在何处;2. 时间飞逝,有强烈的时间扭曲感,不知不觉中,百年如一瞬间;3. 陶醉其中,一种超越日常现实生活,发自内心的积极快乐和主动,不需要外在奖励就能体验行动的快乐,完成之后有一种酣畅淋漓的快感。

在日常生活中,做自己喜欢做的事时很容易进入心流的状态:如摄影、爬山、打球、音乐等等。对孩子来说,游戏是最容易让他们产生心流的活动,因为游戏时的创造性成就和能力的提高给他们带来了满足感和愉快感,这会让他们沉醉其中,乐此不疲,而且玩得越好就越想玩,玩得越多就玩得越好。上面的两篇文章《我那亲爱的口语交际》和《听,语文课的欢声笑语》出自同一个学生之笔,字里行间流露出"我""玩口语交际"已经到了游刃有余的程度,与技术水平一同提升的是"我"的心理也进入了心流的状态。

四年级上开始,口语交际作为一个游戏项目,至此已"玩"了将近5个学期,"玩家们"都已经是老手和高手了,出现心流状态是比较普遍的现象。为什么能出现心流现象?主要原因是把口语交际设置成一种游戏以后，它符合产生心流现象的几个条件：1. 有明确的目标：个体有一种追求，有奋斗目标，它不是唾手而得的，也不是别人赠予的，而是自己追求得来的，是一种行动的结果。2. 有及时的反馈：个体向着目标所走的每一步，行动的每一个细节都丝丝入扣，点滴入心，明明白白，清清楚楚。3. 技能和挑战的匹配：所从事的事情不是太难，难，让人产生恐惧感和焦虑感；也不是太容易，容易，让人产生无聊感和无成就感，技能和挑战匹配就是做能做的事，做能做好的事。

因此，口语交际，无论是前期的准备，还是上台演讲，都让"我"沉浸其中，愉悦驾驭。口语交际，"我"为你努力，你伴"我"成长；"我"为你奋斗，你给"我"欢乐；"我"为你修炼，你让"我"拥有更好的自己。

在反思中学习和成长。

个案故事："倒霉"？"幸运"！

星期四的语文课，我们进行了第四单元的口语交际活动，我真是既"倒霉"又"幸运"。这是为什么呢？

这次口语交际前，我没有准备，因为我想：我们组的七个人中只抽一个，抽到我的可能性只有七分之一，概率太小，不会抽到我的，而且如果我准备了又没被抽到，不是白准备了？就这样，我怀着侥幸的心理，直到周四。

周四早上，我一进教室就发现几乎每个同学都在准备口语交际，他们都在背诵着自己的演讲稿。我的心突然一虚，万一抽到我不是糟糕了？不可能，不可能，我赶紧删去了这个念头。

第一节语文课马上就要开始了,我突然好紧张又好害怕,心头的两个小人开始争论。

一个说:"完了,你可没准备,赶紧构思一下吧,要不抽到了怎么办呀?"

第二个说:"怎么会呢?不可能抽到的,别那么乌鸦嘴,不用准备的!"

"哎哎,不怕一万,只怕万一,如果抽到怎么办?"第一个小人也不甘示弱。

"哪来这么多如果?"第二个小人说得越来越没有底气。

似乎第一个小人战胜了第二个,我赶紧拿起书准备,开始后悔之前没准备,都快没时间了!

上课铃响了,小组代表上台抽小组出场顺序号,我们组的夏同学竟抽了个"一"。我们组要第一个上台,更没时间准备了,我加快了"运行"速度。夏同学慢悠悠地走上去抽出场的组员号,似乎在为我争取时间。他要抽了,"叮",我"运行"好了,终于构思好了一篇演讲稿。一秒钟之后,夏同学报出:"3号!"啊!3号就是我呀!顿时,我的大脑停止了运转,整个人"僵"在那里,好一会儿才缓过神来,自信又不自信地走上讲台。

我按刚构思好的稿子开始演讲,才讲了几句,大脑好像关机了,演讲稿突然从脑中消失了。可能是我太紧张,一不小心把它"删"了吧!我就像挤牙膏一样,一边想,一边讲,还做了一些好像很"怂"的动作来拖延时间思考……就这样,讲到我认为时间差不多了,就放松了,对观众说了声"谢谢!"就飞一样地逃下讲台……

真神奇,我一到位子上,演讲稿又重新在我的脑中恢复了。我猛然发现,我竟然少讲了很重要的一部分,太遗憾了。我不禁打了一下自己的脑袋，后悔之前没准备，弄得个措手不及；后悔上台太紧张忘了台词……真是有无数无数的"后悔"。过都过去了，还有什么用！时光不能倒流。可我还是觉得这次没发挥出水平，好好准备就不会这样了！

这就是"倒霉"而又"幸运"的口语交际课。"倒霉"的是老天爷太有眼了，我唯一一次没准备，就偏偏被抽到了，真是太神了！"幸运"的是老天爷给了我一次深刻的教训，让我知道：凡事不可以有侥幸心理，哪怕只有百分之零点零零一的可能性被抽到，也要准备——只有充分准备了，才会万无一失，更何况即使没有抽到我，准备过程也是一次实实在在的口语交际练习啊！

在反思中学习和成长。反思，是回头，反过来思考的意思。即指对自己所作所为或人生经历的总结，并从中找出取得成功的经验和失败的教训。就上文而言，口语交际课中发生在小作者身上的事，给她带来了多角度的反思，这些反思对她的学习和成长产生着非常重要的作用。

1. 反思自己的行为——怀有侥幸心理，没有准备口语交际。在经过一番激烈的思想斗争后，"似乎第一个小人战胜了第二个，我赶紧拿起书准备，开始后悔之前没准备，都快没时间了！"事实证明，没有准备，临时抱佛脚，悔之莫及："我猛然发现，我竟然少讲了很重要的一部分，太遗憾了。我不禁打了一下自己的脑袋，后悔之前没准备，弄得个措手不及；后悔上台太紧张忘了台词……真是有无数无数的'后悔'。"但是，"过都过去了，还有什么用！时光不能倒流。""好好准备就不会这样了！"

2. 反思自己的认知——头脑中的演讲稿失而又得。"我按刚构思好的稿子开始演讲，才讲了几句，大脑好像关机了，演讲稿突然从脑中消失了。可能是我太紧张,一不小心把它'删'了吧!"

这是大脑前额叶皮质直面压力时的生理反应。人类大脑的前额叶皮质是区别于其他动物的最重要的部分,是发展出语言、逻辑、推理能力的"领航员"。前额叶皮质的工作是冷静的、理智的,但这个地方有一个特点,就是压力过大的时候它就掉线。前额叶皮质掉线了,大脑就有藏在脑子中间后边的杏仁核接手掌控。杏仁核是人类大脑中最早长出来的部分,它是情绪化的。当压力过大时,大脑前额叶皮质就会分泌更多的压力荷尔蒙。压力荷尔蒙迅速上升,随后又能迅速恢复,这是比较健康的压力状况,所以出现"真神奇,我一到位子上,演讲稿又重新在我的脑中恢复了"的反应。

如果过大的压力持续存在,压力荷尔蒙不能快速回落,肾上腺就会进一步分泌皮质醇。皮质醇就像是身体为了长期作战而引入的原菌,它的浓度在人体内慢慢上升,以帮助身体应对压力。长期较高的皮质醇水平会弱化海马体里的细胞并最终杀死它们,而海马体是人创造与储存记忆的地方,这就是为什么在长期过大的压力下,有的学生会产生学习上的种种困难的根本原因。

3. 反思事情的意义——没有"倒霉",就没有"幸运"。这是一个比较客观的认知,让小作者的心理既得到了安慰,又得到了成长。"'倒霉'的是老天爷太有眼了,我唯一一次没准备,就偏偏被抽到了,真是太神了!'幸运'的是老天爷给了我一次深刻的教训,让我知道凡事不可以有侥幸心理,哪怕只有百分之零点零零一的可能被抽到,也要准备——只有充分准备了,才会万无一失。"

同时对课堂抽中和不抽中有了新的认识:"更何况即使没有抽到我,准备过程也是一次实实在在的口语交际练习啊!"这就是学习的意义!

团体会产生社会惰化，团体也能产生社会助长。

个案故事：口语交际的反省

这次，口语交际的主题是"学会生存"。我一直像以前那样没有准备，没有看什么资料，更不要说记住了。

偏偏，这次，我又被抽中了。上台之前，我想起了前几天方校长在思品课上给我们讲过的一个故事：一个酒吧发生了火灾，一个法国人临危不惧，把一件衬衫弄湿，并捂住鼻子，冲到窗户那边，露出醒目的红色T恤衫求救。火警发现了，把他救了下来，成了这场火灾中唯一的生存者。

我就讲了这个全班同学都知道的故事，结果可想而知——倒数第一，我们组只拿了1分。

由此，组长杜拉拉让我深深地反省。

不错，我该好好反省一下了。在后面的几次口语交际中我一定要好好准备，争取好好表现，为小组取得好成绩，弥补以前失去的分数。

我真对不起我们组的同学，这学期，我两次抽到，都没有取得好成绩。有一次还埋怨抽号同学是"黄油手"，责问她为什么要抽到我，为什么不抽好一点的同学。想想我在台上表现那么不认真，走下讲台若无其事，坐到位子上还说说笑笑，真是不应该。

除了我，我们组的同学个个都认真准备，可偏偏是我的不认真决定了我们组的成绩，我辜负了大家的认真和上进。以后我一定认真对待了，我说到做到！

团体会产生社会惰化,团体也能产生社会助长[①]。社会惰化是指个体在群体中工作不如单独一个人工作时努力的倾向,即群体一起完成一件事时,个人所付出的努力比单独完成时偏少的现象。寓言故事《滥竽充数》中的南郭先生在齐宣王时代借着吹竽团队的庞大,不易察觉他的充数行为来实现自己的私利,就是典型的社会惰化。但在齐湣王时代南郭先生就无法继续他的社会惰化了,只好逃之夭夭。倘若南郭先生还想留在吹竽群体中,那他必须改变现状,至少能一个人独自吹竽。

本文中的"我"曾有一段时间的社会惰化,"一直像以前那样没有准备,没有看什么资料,更不要说记住了。"因为很多时候,团队活动都以抽代表或派代表的方式上台展示的,"我"却是很"幸运"的那一个。

然而,今天的口语交际课中,"我又被抽中了"——"我"已经不是第一次被抽中了,为了应对当前的任务——主题是"学会生存"的口语交际,情急之下,"我"只好讲了"前几天方校长在思品课上给我们讲过的一个故事",但这个故事全班同学都知道,"结果可想而知——倒数第一,我们组只拿了1分。"这自然激起了全组同学的"民愤","由此,组长杜拉拉让我深深地反省。"

"我"的反省可以说是很客观的,也挺真诚的,大家也相信"以后我一定认真了,我说到做到!"(后来的事实也证明"我"是个说话算话的孩子)。这是因为团体对个体的心理会产生多方面的影响,这里就从归属感、认同感和团体促进三个方面加以说明。

首先是归属感。归属感是个体成员被团体认可与接纳的一种感受,即成员具有一种属于自己团体的感觉。归属感一旦形成,成员内心就会产生自我约束力来规范自己的活动,自觉维护团体的利益，并与团体内其他成员在情感上产生共鸣，表现出相同的情感、一致的行为以及遵守所属团体的准则。归属感是人的一种基本需要，如果不被满足，就会感到一种无形的压力，心里产生紧张感。

其次是认同感。认同感是指团体成员对一些重大事件与原则问题在认知和评价上与团体的要求相一致的情感。有主动认同和被动认同之分：当团体内人际关系密切、团体对个人的吸引力大，在团体中能实现个人的价值，使自己的各种需要得到满足时，团体成员对团体产生的自觉认同，这是主动认同。然而，在团体压力下，为避免被团体抛弃或受到冷遇，个体也会产生认同，这是被动认同。这种被动的认同可以迫使个体去除其社会惰化的特性。

再次是团体促进。团体促进是指成员表现出非团体情境下不会出现的行为，即成员单独一个人很少完成的事情，在团体中却能完成。这种促进作用是由于归属感和认同感使成员把团体看作是自己强大的后盾，得到团体无形的支持，从而鼓舞成员的信心和勇气，唤醒成员的内在潜力，做出独处时不能完成的事。当团体成员表现出与团体规范相一致的行为，做出符合团体期待的事情时，就会受到团体的赞扬，从而使个体感到其行为受到团体的支持。这种赞扬和支持可以进一步强化其与团体保持一致的行为，变社会惰化为社会助长。

【注】①社会助长：个体与别人在一起活动或有别人在场时，个体的行为效率提高的现象。

量化评估，具体化地辨认课堂学习状态。

个案故事：《学会生存——第四单元口语交际》课后随笔

这节课，我给自己打 10 分。

这次口语交际不错，朱同学讲的内容结合了生活实际，引出了一个我们谁也没有想到的自我保护——食品安全知识。这是一个多么有创意而又很实际的话题啊！以后，我们也可以多联系生活实际，讲一些有自己独特见解的内容，这样大家交流的内容就不会大同小异了。

徐同学的发言也十分精彩，她做了许多 PPT，不说花了多少心血，用了多少时间，就展示的知识来看非常全面。她向我们介绍了许多生活中可能存在的安全隐患，有自然灾害的，如突发性的地震、泥石流、台风、洪水等；有人为灾害的，如火灾、交通事故、受骗、食物中毒等；特别具体介绍了"遇到抢劫怎么办？"。实际上给我们上了一堂安全教育课。

时同学讲了几个生活中保护自己的小故事。应同学讲的是课间活动的小事，但我们从中得到的启示很大。高同学讲了绳结逃生法。汪同学则用 PPT 大篇地向我们展示了生存办法，让我们见识了很多。总的来说，这堂口语交际课——完美！

安全是第一位的，学会生存，这是生命的本能。这堂课，意义大于形式。大到灾难，小到食品，我们的生命随时都需要有安全意识。无论是上台同学的讲述，还是没有上台的所有同学的准备，学习都有实际的效果，总结成对联一副：上联是时时刻刻学会生存，下联是分分秒秒珍爱生命，横批是绽放生命之花。

图为六下第四单元口语交际成绩表，按规则 55 分以上为一等奖，每个组员加 8 分；50-54 分为二等奖，每个组员加 5 分；50 分以下为三等奖，每个组员加 3 分

  量化评估，具体化地辨认课堂学习状态。进入六年级下，同学们用随笔的形式记录语文课堂的点点滴滴。首先是给自己就这堂课的学习状态做一个量化评估，采用 10 分制打分。10 分，代表这堂课的学习状态非常理想，1 分代表很不理想，在 10 到 1 之间对课堂学习状态作出恰当的评估。通过量化评估可以让学生把复杂、模糊的学习状态简单化，从而具体化地辨认出课堂学习状态。

  同样是这堂课，有一个同学是这样记录的：今天我给自己打 9.5 分，还可以，准备得比较充分，想给大家讲讲如何在荒野求

生，但日常生活中不太会发生，这个材料选得不够好。加油吧！平时用不上的知识也要记牢，谁也不能保证此生一定不会遇到任何意外——生命是第一位的，所以学会自救很重要。

还有一个同学是这样写的：我给自己打10分。这节口语交际课，我学到了许多有关生存和自救的方法。朱同学讲得非常好，侃侃而谈，很有条理，食品安全问题是生活中最常见的，所以选材很重要，这就是"范儿"。我准备的是电梯逃生知识，因为在我们的生活中也是非常常见的，大家很有必要了解一下。生命比所有东西都重要，这堂课意义重大。

"这节课，我给自己打10分。"小作者同时认为："这堂口语交际课——完美！"这是一种直觉，是经验与情绪两方面共同作用的结果。我学到了新的知识和方法，看到了榜样，领悟到了课堂意义，感受了知识的实用性，愉悦感在内心的满足中自然提升，达到相应的值——10分。

学生给自己打分，即使不记录其他内容，也可以清楚呈现课堂学习状态。此外，使用10分制打分，促使个体对自己的学习负责，对自主学习具有一定的鞭策作用，从而进一步提高学习效率。当评估没有达到10分时，个体对失去分值的原因是心知肚明的，或是准备不够充分，或是态度不够端正，或是听课不够专心，或是互动不够积极等等。知道了原因，也一定知道怎么做才不会失分或者尽量少地失分。总之，当堂为自己的课堂学习状态进行量化评估，是自主学习管理的方法之一，操作方便，十分管用。

合作作文，技能交换进行时。

个案故事1：和好朋友一起写作文

星期一的语文课，王老师让我们写自己喜欢的小动物，可以找和自己写同一种小动物的同学一起写，最多三人，最少两人。

我想：我能和谁一起写呢？忽然，我灵机一动，想到了朱×明和陈×达，他们既是我的好朋友，也和我一样喜欢小乌龟。于是，我找到他们，他们都很高兴，我们就开始写小乌龟了。

老师先让我们写第一段：写写这个小乌龟的来历。我写了"小乌龟来我们家已有两年了，它是我的好朋友。"

不一会儿，我们把各自写的第一段拿出来读，陈×达说："我有一个特别的小伙伴——小乌龟，那是一年前妈妈带我去步行街时买来的。"我觉得陈×达的"我有一个特别的小伙伴"写得很有趣，于是就把我的第一段改成："我家有一只小乌龟，它来我们家已有两年了，它是我的好朋友。"

第一段读完，我们接着写第二段——小乌龟的外形。朱×明写得比我快，就先读了起来，可是我们发现他有好几个错别字，就让他一边读一边改，读了好长时间才读完。我也写好了，便读了出来："小乌龟它有四只粗壮有力的腿，一条又细又短的尾巴，一个好看又坚硬的背活像一张黄中带绿的地图，仿佛为需要的人指明路程，但硬得恐怕连斧子都砍不断。"

"我有意见，我有意见。"我旁边的陈×达说："乌龟的壳没这么硬。"

"我有'恐怕'二字呢？"我说，陈×达无话可说了，只好承认我写的话符合逻辑。

我们还写了小乌龟吃饭，睡觉，和我游戏……可是，时间过得太快了，下课了，我们还没有写完。不过没关系，等中午吃完饭，我们再讨论吧。

与好朋友一起写作文，真有趣。我觉得这次作文写得特别好，还学会了取长补短。

个案故事2：合作作文的启示

今天，我与我的合作伙伴沈×言一起完成第四单元的作文。老师要求我们仔细观察四幅漫画（1. 两个小朋友看见垃圾桶旁有很多垃圾；2. 一个女孩把垃圾捡入垃圾桶内，一个男孩则在一旁思考着什么；3. 女孩把垃圾捡完了，男孩趴在地上写着："文明——只差一步"；4. 他们俩把写有标语的纸贴到垃圾桶上），把事情的过程写清楚，要写明白从中得到的启示。老师一声令下，我们就开始了我们的合作之旅。

首先定主题，思来想去就把"文明——只差一步"作为主题。接着要构思文章的内容。我本来打算按老方法，先写故事的内容，再写感受。可沈×言充分发挥了她的想象力："我是一个垃圾桶！""啊！"我被她的想法吓了一跳，以为她在开玩笑，"好了，别开玩笑，这也太恶心了吧！"可沈×言却一本正经地回答："没关系，要有新意嘛。"我一想，也对，写作文就是要有与众不同的新鲜味嘛。

于是我们用第一人称开始写，先细写了垃圾桶四周的美景，这是为了突出垃圾桶旁边的脏与垃圾桶的自卑。在讨论中，我们遇到了一些问题。我说写"有一天……"，沈×言却认为应该写"那一天……"，讨论有点激烈。我认为"有一天"能突出垃圾桶一直是这样的，一直到了有一天它的梦想（自己旁边的垃圾被清理了）成真了；而"那一天"却好似垃圾桶在回忆过去，跟前面的"越来越多的人把垃圾扔在垃圾桶旁"联不起来。可沈×言却坚持认为"那一天"更突出了"那"字,说明了那一天对垃圾桶有特殊的意义。怎么办呢?最好的办法是——剪刀石头布。结果我输了,我心甘情愿地把"那一天"写了上去。就这样,我们一点一点地把作文写完了。

从中我也得到了一些启示:合作写作文是一个很有意义的事情。两个人互相取长补短,不但能提高写作水平,也能让我们从对方的想法中拓宽自己的思路。同时我也明白:既然合作了,那么就要一起努力走到底,因为我们就是一体的。合作是一种多好的方法呀,它让我们学会了互相交流,互相学习,互相尊重,互相欣赏。

个案故事3:同桌的你

"明天你是否会想起,昨天你写的日记,明天是否还惦记……"这首《同桌的你》是一代经典,一代回忆。在一次合作作文里,我对同桌韩×涛有了更深的认识。

这是一节写作课,我提起笔,突然听到王老师说:"今天,我们来个合作作文。"老师说的同时,"男女搭配,作文不累"八个字出现在黑板上。看完字,几乎同时,我与同桌都用嫌弃的眼光瞥向对方。果不其然,王老师说这次看图作文由同桌合作完成。

开始了,我跟韩×涛说:"等会儿我们写完了,互相交流,互相修改,互相补充,行不?""行!"我们想好题目后,就各写各的。

我们都写得差不多了,就交换了作文本。不一会儿,同桌凑过来说:"你这句话不通啊,什么叫事情意外地发生在小鸭子身上啊?"

"那你说,该怎么写?"说真的,这句话确实困扰了我很久,可这是我好不容易才想出来的啊,就这样被否决掉了,不爽!便把烂摊子扔给了同桌。

他沉思了一会，说："你看这样行不行？'可是，所有人都没有料到，意外就这么突然地发生了。'"

我顿时感觉连天空都晴朗了不少，哈哈！困扰了我那么久的难题，竟被同桌轻易地化解了。我在心里默默地告诉自己："听听他的意见，一定会有你想不到的收获。"

之后同桌就很多细节与我讨论，例如："课本上说是下水道，你写的是窨井，我觉得还是采取书上的吧。""你要点到巡警的衣服与别人的不一样，不然鸭妈妈怎么会向他求救呢？"说真的，在这些地方我都采用了他的意见，我甘拜下风，真是，以前我怎么就没发现他这么细心呢？

每个人都是自己的守护星，同桌韩×涛是个很细腻的人，或许这就是他身上的星光吧。

同桌给过我很多帮助，谢谢同桌的你——致六年来所有的同桌！

合作作文，技能交换进行时。人天生具有合作的需要，在合作中互惠互利，让彼此有更深的连接，这种连接也包括技能的交换。技能交换就是用自己掌握的技能交换别人掌握的技能，各取所需，以达到互惠互利的目的。

上面三篇文章的作者都记叙了自己与同学合作写作文的经历。《和好朋友一起写作文》写了小作者与两个好朋友一起写"自己喜欢的小动物"的事，这是发生在四年级上第四单元作文课上的事，也是学生第一次合作写作文。《合作作文的启示》记叙了五年级上第四单元合作写看图作文《文明只差一步》的事。《同桌的你》则是小作者在六年级下综合性学习《难忘小学生活》之"成长足迹"的一篇回忆文，回忆了六年级上第七单元合作写看图作文的事。

随着年级升高，学生合作的能力在提高，合作的方式也越来越灵活。

《和好朋友一起写作文》是在老师的带领下写一段读一段，一步一步完成习作任务。发现好句子，就为我所用；发现错别字，就及时改正；发现用词有争议，就讨论一番。斟字酌句，连句成段，是写作的一项基本功，这次合作作文让这项基本功的练习落实到每一个角落。虽然到了下课还没写完，但和好朋友一起写作文，大家意犹未尽，乐此不疲，"等中午吃完饭，我们再讨论吧"。

上了五年级，在明确习作要求后，便可以合作写作了，《合作作文的启示》小作者与合作伙伴在想象的具体化上有更多的合作：从垃圾桶自述的角度展开想象，这是一个让"我"没有想到的"定位"，一下子拓宽了写作思路，内心充满了喜悦；"有一天"与"那一天"的争论，采用"剪刀石头布"的方法确定具体的时间，解决问题的方式十分有趣。整个合作过程轻松顺利，而且启示颇多："合作写作文是一个很有意义的事情。""两个人互相取长补短，不但能提高写作水平，也能让我们从对方的想法中拓宽自己的思路。""既然合作了，那么就要一起努力走到底，因为我们就是一体的。""合作是一种多好的方法呀，它让我们学会了互相交流，互相学习，互相尊重，互相欣赏。"

《同桌的你》作者回忆了合作作文带来的美好，表达对同桌的感谢。尽管是合作，但自由度很大，"等会儿我们写完了，互相交流，互相修改，互相补充，行不？"只要能达成目标，想怎么合作就怎么合作。老师要求男女生同桌合作，从开始的"都用嫌弃的眼光瞥向对方"到后来的"甘拜下风""发现他这么细心"，都是合作带来的收获。

随着年级的升高，合作次数的增多，合作的经验越来越多，合作的效果越来越好。虽然并不是所有的习作都可以合作，但在合适的时候安排合作，学生都会拿出自己的优势本领进行技能交换。与合作伙伴交流，不仅教会了别人，也进一步提高了自己，还能体会到自身的价值，收获更多的自信。

合作学习之所以效果好，原因有三点[1]：

◆首先，与他人一起解决问题时，儿童常常会更有动力。

◆其次，合作学习需要儿童向他人解释自己的观点，并解决产生的冲突，这些活动能帮助年龄小的合作者更加仔细地检查自己的观点，同时，为了使别人能理解自己，他们的表达能力也会得到锻炼。

◆最后，儿童在与他人合作时，更有可能运用高水平的认知策略，这些策略有助于儿童产生一些想法，找到问题的答案，这是他们独立活动时无法实现的。

【注】[1]《儿童与青少年发展心理学》（第九版），【美】David R. Shaffer & Katherine Kipp 著，邹泓等译。

游戏模式三　回顾·拓展

回顾·拓展　我分享

在综合性学习和口语交际课堂游戏活动搞得欢天喜地的同时，《回顾·拓展》课堂游戏也隆重推出。规则是：各组分块展示，按展示精彩的程度评出一、二、三等奖，分别得10分、9分、8分计入小组单元得分。初次探索的教学班是我的第二个实验班——(6)班，正读五下年级，新学期开始，我就告知学生，这学期我们开发一种新的游戏叫"回顾·拓展"。欣喜之余，同学们最想知道的是怎么搞，于是我顺理成章地公布活动形式和规则，并把任务布置给每一个学习小组。

回顾·拓展（四年级是语文园地）是在一个单元学习之后，进行回顾总结、交流收获、积累语言和课外拓展的一个学习平台。教材安排大多是这样的：交流平台、日积月累是固定项目，展示台、成语故事、课外书屋、趣味语文等穿插安排。交流平台以本单元课文学习的回顾为主，同时也有对课外学习的拓展；日积月累大多是对课外的经典古诗、词（成语）和名言名句的积累；展示台、成语故事、课外书屋、趣味语文都是课外拓展，有的侧重于动手实践（一般与综合性学习相关），有的侧重于课外阅读，有的侧重于课外积累。

我把游戏活动的心育目标指向让学生拥有健全的心智。健全的心智就是身心健康，把智慧用在正道。它的特征是：会自我批评、有意志力、有原则、创造愉悦、敢于承担责任、敬业、勤奋努力地去对待每一件事，有感恩的心等等。这是基于对知识的学习和学习方式两方面的考量。

首先，我们学习的知识，目前以比较权威方式把它分为三类：陈述性知识、程序性知识和策略性知识。陈述性知识是"是什么"的知识，是一种静态的知识；程序性知识是"怎样做"的知识，是一种动态的知识；策略性知识是关于"如何学习、如何思维"的知识，是调节自己注意、记忆、思维能力的知识。一般来说，针对具体的活动，策略性知识与陈述性知识、程序性知识相互作用，共同来解决某一个问题，完成某一活动。而这些其中的程序性知识和策略性知识可以看作是个体心智的具体形式。

然后，是学习方式的选择，课堂采用以自主学习为主的体验式学习。体验，既是一种活动，也是活动的结果。作为一种活动，即个体亲历某件事并进行反思；作为活动的结果，即个体从其亲历和反思中获得认识和情感。体验式学习是一个过程，是直接认知、欣然接受、尊重和运用当下被教导的知识及能力的一个过程。

体验式学习方式和传统学习方式有很大的区别：

传统学习方式	体验式学习方式
过去的知识	即时的感受
记忆思考	领悟认识
个人学习	团队学习

续表

传统学习方式	体验式学习方式
注重知识技能	注重观念态度
单一刺激	多元体验
以教师为中心	以学员为中心
标准化学习	个性化学习
理论化	实践化
强调学中做	强调做中学
间接学习	直接学习
学习的资源是教师和教材	学习的资源是参加者解决问题的过程
以接受程式化的知识为导向	以分享总结经验、解决问题为导向

第一单元的四篇课文学完了，五（6）班马上就要进行第一次《回顾·拓展》的游戏活动了，为了使评价公平、公正，评价标准强调以教材内容为依据。如"交流平台"要求交流这三方面的内容：

◆本组课文引领我们走进祖国的西部，让我们结合课文内容和搜集到的资料，交流自己对西部的感受。

◆《草原》一课，不仅为我们展现了一碧千里的草原风光，而且让我们感受到蒙汉之间浓浓的民族情；《白杨》一课，使我们由戈壁白杨、两代人的谈话，想到了很多。这两篇课文在写法上很有特点，让我们交流一下这方面的学习体会。

◆学习中的其他收获，也可以和同学交流。

游戏活动非常顺利，效果是出乎意料的好。学生对课文陈述性知识的理解和领悟是多角度和多层面的，交流的形式是多种多样的，体验和感受也是非常个性化的。

例1：看了第五小组的PPT，我知道了青藏铁路真是一条"天路"，用"白雪皑皑""银装素裹"来形容是恰如其分的。

第五小组用PPT交流，形象、直观，让同学们把知识的"点"——"白雪皑皑""银装素裹"自然地连成了知识"面"——"天路"。

例2：第三小组做的两张关于西部的小报，有试卷那么大，内容有四个部分：好句欣赏、写作特点、资料袋和感悟心语。好句欣赏就是把对一些好句的理解和体会与大家分享；写作特点整理了这单元课文的写作方法；资料袋向我们展示了今日西部的发展情况；感悟心语赞扬了祖国西部建设者不屈不挠，尽职尽责的奉献精神。

第三小组用小报是形式交流，内容详尽，条理清楚，把知识的"面"——"好句欣赏""写作特点""资料袋""感悟心语"有机地构建成知识"体"。

例3：这个单元的学习，好处多多：首先，了解了蒙古族人民的风俗与习惯；第二，听到了大家对好句的理解，使我对课文的理解更上一层楼；第三，学到了写景抒情、叙事抒情和借物喻人等写作方法；第四，资料、图片的播放，向我们打开了一扇扇关于西部的知识窗；第五，观赏了课本剧，在轻松的氛围中巩固了课文的学习。

总之，这次交流平台，不仅让我们对学过的课文有更深刻的了解，还让我们知道了其他同学的学习方法。

学生在分享中，深化了同学们提供的陈述性知识；"了解了蒙古族人民的风俗与习惯""对学过的课文有更深刻的了解""学到了写景抒情、叙事抒情和借物喻人等写作方法""知道了其他同学的学习方法"等等。

自主学习，在实践中学习，在分享中学习，在体验中学习……学到的不仅是陈述性知识，还有程序性知识。程序性知识的习得为学生心智的健全起到了举足轻重的作用！

"交流平台"如何交流，每个学习小组各不相同，真是"八仙过海，各显神通"。交流时，每个"观众"学到的也不尽相同；交流后，每个同学获得了各自的领悟。

例4：为了能得到一个好成绩，我们整组同学都团结一心，积极动手。我和杨同学画画、排版；陈同学收集资料；韩同学、章同学、陈同学负责书写；祝同学准备演讲和排练。功夫不负有心人，一个多星期后，我们做完了四张精美绝伦的小报：排版合理、色彩鲜艳、内容丰富、书写漂亮。可谁能料到强中自有强中手，第二、三两组的演讲似乎比我们更胜一筹，这不仅使我们大开眼界，增长了知识，还让我们组内的成员更加团结一心了。

在团队学习中，为了共同的目标，大家团结一心，积极参与，分工合作，各尽所能。这是学习的过程，也是"解决问题"的过程。

例5：这次活动，我懂得了两个道理：第一，无论做什么事，都要脚踏实地去做，在忙着干事之前，先想好什么事先做，什么事后做；第二，做事要先紧后宽，要留有余地。

个性化学习，实践出真知。"凡事预则立，不预则废。"在实践中，"我"学会了如何做好一件事：一是先想后做；二是先紧后宽。

例6：听了孔同学的好句分析，我又学到了不少理解句子的诀窍：可以进入人物的内心世界；可以把句子所表达的意境融入我们的生活；可以是自己对内容情节的猜想……从浅到深。

在分享中学习，"我"学到了多角度地有效阅读的方法："可以进入人物的内心世界；可以把句子所表达的意境融入我们的生活；可以是自己对内容情节的猜想……从浅到深。"同样的程序性知识，从同伴这里学来的，与老师那里听到的，或是书本上自己读到的，效果可能差不多，但更有亲近感，知会率会更高。

例7：孔同学上台演讲，声音洪亮，通顺流利，绘声绘色，把同学们带进了草原，带进了西部……而我一上台就觉得很不好意思，显得不够大方，演讲的声音也太轻。虽然我们组得了个第六，大家有点失落，但成绩和分数是有价的，知识是无价的，还有我已经知道了下一次要怎么做，得了第六和得了第一一样高兴。

分享产生了体验，体验产生了新的观念："成绩和分数是有价的，知识是无价的。""我已经知道了下一次要怎么做。"这些程序性知识的获得比有价的"成绩和分数"更有意义。

体验式学习的学习资源是参加者解决问题的过程，它以分享经验、解决问题为导向。它没有固定的教材，只有一个自主学习的平台，这为学生创造力的发挥提供了无限的可能。如何学习？如何思维？怎样才能达到预期的目标？策略性知识的习得使"回顾·拓展"游戏活动的效果达到了圆满。

例8：陈同学交流的那张小报，真厉害！他把电影《圣龙的心愿》中看到的超能阿布给画了出来，就是把游戏里的东西给用了进去，真好！下一次，我也要把学到的，看到的，给用进去。

这下看明白了，原来"把学到的，看到的，给用进去"可以产生非常好的效果。这不愧是一种解决问题的好方法！

例9：欣赏了其他组的交流成果，我得出了一个结论：只有你的创作与别人的不一样，并比他们花更多的工夫，才有可能超越他们。

在分享中学到了一招：自己的创作与别人的不一样，再加上花更多的工夫，才有可能超越别人。创新加踏实，这是制胜的法宝。

例10：我们组得了倒数第一。为什么？我们是到老虎跟到屁股后才开始行动的，我们准备得一点也不充分，在形式上又没有新花样。以后，我们一定要认真对待每一件事，早作准备，不自以为是。

失败的教训是深刻的，它告诉了我们：要想摆脱目前不利的局面，一定要改变想法——"不自以为是"；一定要改变行为——"认真对待每一件事，早作准备"。"如何学习？""如何思维？"这就是策略性知识的监控功能。

例11：在讨论方案时，我们组就分成了两大派：我们4个男生想表演课本剧，可3个女生不同意，她们觉得做小报的效果更好一点。两派僵持不下，这时何组长说："要不，我们女生做小报，然后，你们男生根据小报的内容演小品？"我们一致同意。

由此，我觉得换个角度去思考就很容易解决问题。这不，刚才还僵持不下，现在，一下子解决了两个问题，多好！如果我们把这种思考问题的方法用在语文、数学的学习中，也一定会有意想不到的收获。

简直就是醍醐灌顶啊！触类旁通的领悟能解决好多的学习问题，甚至是生活的问题……

例12：我认为第四小组成功的原因有四个：（1）小报做得十分精美，课内分析和课外拓展都有亮点，吸引了众人的眼球；（2）用幻灯片做背景，不但美观，而且与介绍的内容非常吻合，效果很好；（3）上台介绍的同学准备很充分，声音响亮，很流畅，加上美观的背景和精美的小报，给人良好的视听感应；（4）也是最重要的一点，他们组众志成城，齐心协力，每个组员都尽了最大的努力，成功自然会向他们招手。

第四小组的交流成果，"我"学到的不仅仅是成果的内容，更有解决问题的方法、经验和智慧。

"学会学习、学会创造"是体验式学习追求的目标。面对一个具体的学习任务，每个学习团队都会有一个"对策"，这就需要有一个学习计划，把学习任务分解成具体的几个部分，再安排好学习时间，然后按一定的程序执行。一个团队怎样学习？怎样创造？一个个体怎样学习？怎样创造？体验式学习会告诉学习者该这么做。

体验式学习为学习方式的转变找到了一个突破口，它保证了学生学习的自主性、探索性，展现了学生学习的过程和方法：用什么样的手段和方法、通过什么样的途径获得知识。由此带给学生真正意义上的收获是"无痕"的，这对学生的身心发展必将产生深远的意义。

《回顾·拓展》的"交流平台"就这样让全班同学乐得忘乎所以，他们主动参与，乐于探究，勤于动手，在学到知识的同时，培养了多种能力：搜集和处理信息的能力、获取新知识的能力、分析和解决问题的能力、交流与合作的能力……能力的提升，促使心智的健全，促进人格的发展。

回顾·拓展其他部分学习的课堂故事同样精彩，值得一看。需要说明的是课堂游戏规则不是一成不变的，而会随着学生发展的实际情况有相应的调整，这在后面的个案故事中有所反映。

指导性参与——成就同伴，更成就自己。

个案故事1：快乐的学习花

这一朵便签纸拼贴成的"学习花"，是我们全体组员最美的微笑。——写给《回顾·拓展4》

这学期第四单元的回顾·拓展活动课是我印象最深的一节课。课上，8个学习小组就像八位神仙，各显神通地向大家展示了各自合作学习的成果。我们组做得别出心裁，这朵用便签纸拼贴成的"学习花"就是最好的见证。

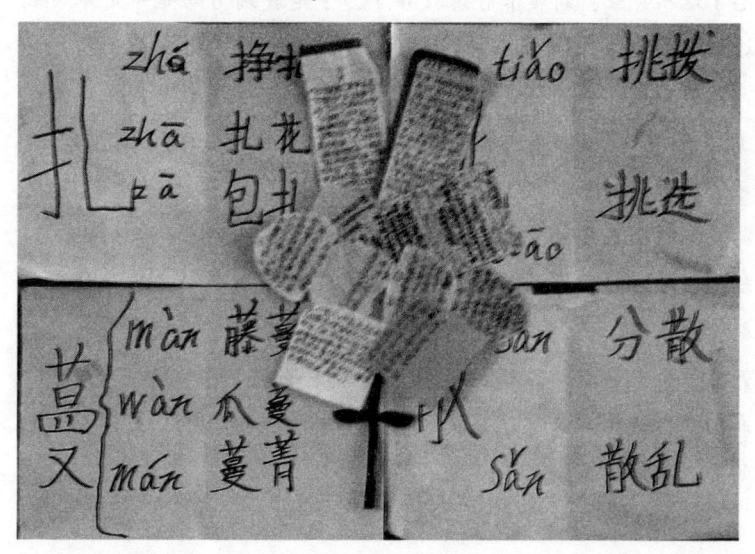

我们组有听话的高同学，能力强的王同学，美术非常好的蒋同学，态度端正的卢同学，文章写得特别好的孙同学，还有我这个组长。我们经常一起合作学习，每一次预习成果展示，每次课堂问答讨论，大家都积极参与，从不落下一个，第四单元的回顾

· 拓展活动任务就是在我们共同合作中完成的。

　　第四单元的主题是生活的启示。记得当时王老师一布置好任务，我们就开始行动。蒋同学设计一朵没有花瓣的花，我写自己的生活故事和启示，其他同学每人一课，都写课文中的句子和这单元学习带来的收获。虽然任务不是很多，但还是有个别同学不行。高同学觉得有难度，于是我一次次地对她说："你想怎么写就怎么写。"虽然我可以替她写，但我不能，因为我知道她不会写是因为怕自己写不好，如果她不去尝试，就永远都不会写。在我的鼓励下，她终于大胆地写了起来。卢同学虽然写得不怎么好，但我知道他已经尽力了，就鼓励他做得更好。孙同学不知怎么竟然忘了这项作业，到展示前想放弃了，于是我竭力劝她一定不要错过这次展示的机会，她最后高质量地完成了。

　　最令我开心的还是上台展示，我们小组上场后，我先在黑板上贴了四张写有本单元多音字的A4纸，并带领全班同学进行了复习，然后在四张纸的中间贴了一朵向阳花，只不过还没有花瓣。待我们每个人按事先安排好的顺序读完写在便签纸上的内容后，陆陆续续地把便签纸一张一张地贴在花朵周围，一张一张便签纸就变成了五彩的花瓣。同学们都读完了，贴上了，黑板上赫然绽开了一朵有十二片花瓣的大花，讲台下响起了一阵热烈的掌声。我们兴奋极了，这可是我们小组合作的智慧结晶啊！最终，我们的努力换来了满分——10分。耶！

　　一个人学习只是孤花一朵，六个人合作学习才是春色满园。合作学习，快乐无穷！

个案故事2：我也能当组长

　　"嗨，我明天要去参加比赛，不来了，你安排好哦！"谢组长告诉我这个不好的消息时,我犹如五雷轰顶:糟了,我们组的头号大将不在了,我们组是不是就要落败了?算了,我是副组长,我一定要完成任务,不能让她失望,更不能让组员们失望。

我赶紧布置起任务来:单同学《钓鱼的启示》,沈同学《通往广场的路不止一条》,李同学《落花生》,陆同学《珍珠鸟》,每个人找出课文的重点语句,说说作者的感受和自己从中得到的启发,还可以联系生活实际谈谈自己的收获。

第二天早上,大家都到齐了,我连忙挨个去问:

"单同学?"

"OK!OK!"

"沈同学你呢?"

"好了。"

"李同学?"

"我……我……还没有找好……"

我有点生气,大声说:"那你快点找呀!"

"哦。"

哎,我长长地叹了一口气,马上提醒他说:"快看看你预习作业本里的好句欣赏,里面有没有合适的。"

他连忙照做,果然也找到句子,只是写得不怎么样,我赶紧帮助他做了一些补充,只能这样将就了。

《回顾·拓展4》的展示活动正式开始,呜,我们组抽到了7号——第7个出场,太后面了,有些内容会被人抢走的!没办法,只好顺其自然了。果然,有人把我们准备的内容说走了,不过我认为同样是课文的重点语句,大家的理解肯定是大同小异的,何况我们还联系了各自的生活实际谈自己的收获,我们组应该还是可以说的。

轮到我们组上台了，我满怀信心地向讲台走去——我相信我能担当起"组长"带领组员们一起向前冲的责任！

"我们组带来了对课文重点语句的理解以及从中得到的启发，与大家分享。"我大声说出这句话时，心里很紧张，害怕老师反对，因为这个已经有人说过了。不过没事，老师只是静静地在一旁看着我们。

单同学《钓鱼的启示》……

沈同学《通往广场的路不止一条》……

李同学《落花生》……

陆同学《珍珠鸟》……

组员们一个一个上来，讲完后，又一个一个下去，一切都进行得非常顺利，大家的展示都没有出现小意外。

轮到我了，"信赖，往往创造出美好的境界。"我尽情地读着《珍珠鸟》里的句子，再心平气和地解说："……昨天，我们的组长谢××把小组展示的任务交给我负责，这是她对我的信赖，我想我也不能辜负她对我的信赖；我也相信自己一定能完成这个光荣的任务，就努力带领我们小组的每一个队员去完成今天的展示任务，这是我对自己的信赖。今天，此时此刻，我觉得我们小组合作的展示过程，创造出来的境界，真的非常美好。"顺利完成，我走下了讲台。

成绩揭晓，我们组一等奖，每个同学都得10分，连我自己都感到惊讶，成功就这样喜出望外地降临了！

这样的成绩，我不但可以向谢组长交差，我还明白了：我是有一点领导天赋的。看来，我能带领组员们去"闯荡江湖"，我能担任起组长这个职务的。我要努力，努力得再优秀一点，成为一个名副其实的组长。

这节课是我最快乐的一节课！

指导性参与——成就同伴，更成就自己。指导性参与是《儿童与青少年发展心理学》中的一个概念，是指儿童和技能熟练的个体一起积极参与到各种相关的文化活动中，并接受必要的帮助和鼓励，使儿童的认知和思维方式得到发展。

《快乐的学习花》和《我也能当组长》这两篇文章都是五年级上学期快结束时的一次心理辅导活动课——"我参与，我快乐"上的交流感受。《快乐的学习花》是一位组长所作，叙述了他们小组别出心裁地合作展示《回顾·拓展4》的成果的经过，字里行间洋溢着合作学习带来的快乐之情。《我也能当组长》则是一位临时组长的所作，记叙了组长不在，"我"带领组员们"闯荡江湖"，成功展示《回顾·拓展4》成果的经历，表达了"我"是有一点领导天赋的自豪感。

成功带来的荣耀是一样的让人难忘，背后的故事虽各不相同，但指导性参与的作用——成就同伴，更成就自己的"理"是相通的。

故事中两位组长对同伴做指导性参与的形式是多样的。

首先是用语言鼓励，且不同的个体用不同的方式，如，"高同学觉得有难度，于是我一次次对她说：'你想怎么写就怎么写。'虽然我可以替她写，但我不能，因为我知道她不会写是因为怕自己写不好，如果她不去尝试，就永远都不会写。在我的鼓励下，她终于大胆地写了起来。"又如，"卢同学虽然写得不怎么好，但我知道他已经尽力了，就鼓励他做得更好。"还有，"孙同学不知怎么竟然忘了这项作业，到展示前想放弃了，于是我竭力劝她一定不要错过这次展示的机会，她最后高质量地完成了。"

其次是口头传授,"我"在得知李同学没有完成作业时,就"马上提醒他说:'快看看你预习作业本里的好句欣赏,里面有没有合适的。'"每篇课文学习之前,都有一个预习作业,里面有一项作业是摘录自己最喜欢的一个句子,并写出喜欢的理由,去那里找句子确实是最快解决问题的方法。

再是手把手地指导,"他连忙照做,果然也找到句子了,只是写得不怎么样",看着李同学的慢拍节奏,他的作业质量当然与"我"的要求有距离,"我赶紧帮助他做了一些补充"。

每个学习小组都有个别发展得比较慢的同学,《快乐的学习花》中的组长用"推一把"的方式,让后进的同学跟上学习的脚步,而《我也能当组长》中的组长则用"拉一把"的方式带着李同学朝前走。按照维果斯基的观点:如果儿童受到了一个更能干的成人(同伴)的指导和鼓励,就更容易获得新技能。这样,班上几个后进同学都能在团队环境中形成新的认知能力,获得新的解决问题的技能。

更值得一提的是,学习小组中发展得比较快的同学,如组长或其他优秀的同学,在指导性参与的过程中,自己也得到了更快和更多方面的发展。《快乐的学习花》中的组长不但出色完成自己的学习任务,而且他的统筹安排、组织协调能力都得到了充分的发挥。《我也能当组长》中的组长,尽管是受组长之托的临时组长,她的领导潜能也得到了发挥,感觉到"我是有一点领导天赋的"。一等奖的获得,是这两个组长"成就同伴,更成就自己"的标志性事件。

俄罗斯发展心理学家维果斯基的社会文化理论认为:儿童是通过与拥有更丰富知识的社会成员的合作对话,获得他们的文化价值观、信仰和问题解决策略的。这是我们语文课堂采用团队合作的学习方式进行游戏化活动的重要的理论依据之一。

满足成就动机，体验成就感。

个案故事："课堂因我而精彩！"

今天的语文课是一节非常特别的语文课，是我人生中第一次上这样的语文课。

这节课之前，我准备得很认真。我准备的是"日积月累"中的"明月有情应识我，年年相见在他乡"这句古诗。我把整首诗及它的作者、诗句的意思和它所表达的情感全认真地写在一张A4纸上。其中，整首诗的诗句和作者是从百度上查的，而诗句的意思和所表达的情感是我自己想的。写完之后，我检查了一遍，看看有没有地方要修改，确定没有错误了，我才安心地把A4纸放进书包。

今天的语文课上，我把昨天晚上写的A4纸放在投影器上，毫无保留地与大家分享："'明月有情应识我，年年相见在他乡。'这两句诗出自清朝袁枚的《随园诗话》。整首诗是这样的：飞云倚岫心常在，明月沉潭影不留。明月有情应识我，年年相见在他乡。袁枚是清朝乾隆时期的诗人、散文家、文学评论家和美食家。这两句诗的意思是：如果明月有情，它应该认识我，因为我们年年在他乡相见。表达了作者对家乡的思念之情。"我讲解的时候，看到同学们都听得很认真，还在书本上做着记录，好有成就感啊！我一讲完，就收到同学们的阵阵掌声，我觉得自己的心暖极了，昨晚的付出太值得了！我也学习了别人分享给我的东西。印象最深的是第八小组舞台剧表演，他们把贾岛一头撞上出行队伍中的韩愈，贾岛与韩愈一起讨论是用"推"好还是用"敲"好，这两个场景表演得非常有趣，逗得全班同学哈哈大笑。我还听到了吴××为讲解的同学配上悠扬的葫芦丝。真是个个都精彩！

这节课，真是应了王老师的一句话："课堂因我而精彩！"

满足成就动机，体验成就感。课堂因我而精彩，我因成就而满足，五年级上册《回顾·拓展2》的教学终究达到了这样的效果。"这是我人生中第一次上这样的语文课"，这是一次特别的学习之旅："我"非常用心地准备，把学习成果展示在同学们面前，深切体验到了成功的快乐。"我"是分三步进入这种巅峰体验的：

1. 明确具体的目标：准备"日积月累"中的"明月有情应识我，年年相见在他乡"这句古诗。

2. 用具体行动实现目标：一查找，二记录，三写作，四检查，五分享。操作过程是先从百度上找到整首诗和作者，然后把诗和作者抄写在A4纸上，接着自己写出诗句的意思和所表达的情感，之后进行检查，最后把A4纸上的成果展示在实物投影仪上和同学们分享。

3. 体验目标实现的感受："我讲解的时候，看到同学们都听得很认真，还在书本上做着记录，好有成就感啊！我一讲完，就收到同学们的阵阵掌声，我觉得自己的心暖极了，昨晚的付出太值得了！"

每个人都有取得成就的需要——实现目标、达成愿望、获得成功。有研究表明，有成就动机的学生非常自信和专注。他们心怀目标，有志向，乐于通过自己的能力去达成目标，实现自己的理想。他们会脚踏实地，不懈努力，一步一步迈向自己的目标，为实现自己所期望的目标而快乐。成就动机是促使个体取得成功，不断进步的动力,回顾·拓展课堂可以成为满足学生成就动机、体验成就感的实践营地。

多感官参与注意,增强学习效果。

个案故事:《回顾·拓展二》之八仙过海

今天的语文课要学习本学期第二单元的《回顾·拓展》,来自八个小组的45张脸上都写满了自信。经过几天的精心准备,大家都跃跃欲试,迫不及待地等候着上台表现。语文课上会有什么样的精彩呢?让我们静静地享受吧!

NO.1:河东狮吼功。王××这个组长领头,第一组全体同学个个神气十足,读起词语盘点来,这声音可真是排山倒海、大气磅礴。6个人,一起发功,恐怕连天上在飞的鸟也要被震下来了。你别说,这一吼,还真管用,这些词语,清晰地印在了我们的脑海里了。第二小组同学虽然声音没有第一小组响亮,但他们分类盘点词语,并且带领我们完整地读了一遍,这些词语在脑子里的印象更深了。

NO.2:吸引眼球法。第三组、第四组给我们带来的是"日积月累",他们借助书写工整的文字和优美的图画,把每个诗句的出处、意思和表达的感情介绍得一清二楚。这些图文并茂的作品吸引了我们眼球,同时我们也得到了许多知识,并把这些诗句全积累在心里了。

NO.3:咬文嚼字法。第五组用PPT为我们讲解了本单元四篇课文的抒情方法,"借景抒情""叙事抒情""直接抒情",带来了一场抒情文字的盛宴,很好地回顾了这个单元的主要写作方法。

更妙的是第六组，吴××用葫芦丝为讲解的同学伴奏，让抒情的文字更有感情了。

NO.4：舞台表演法。第七组讲的故事《推敲的由来》声情并茂，让同学们大饱耳福。而我们第八组采取了舞台剧表演法，同学们依次上场，讲台变成了舞台，《推敲的由来》这个典故，有了我们的舞台剧，大家可能再也不会忘记了。

我们五（2）班八个小组各有各的本领，各有各的招，人人都是精彩创造者，个个都是舞台的亮点。八个小组就像八个神仙，八仙过海，各显神通，让我们为自己喝彩吧！

多感官参与注意，增强学习效果。学生对游戏语文课堂充满了好奇——原来，语文课可以这样"玩"啊！他们天生的游戏功夫一下子有了用武之地，只要老师告诉他们游戏规则就可以了。

这次回顾拓展的游戏规则是：每个大组展示"词语盘点""交流平台""日积月累"和"趣味语文"这四个项目中的一个，同一项目的两个小组比一比，哪个小组的展示更出色。

各小组在组长的带领下，群策群力，努力让自己组的展示特别出彩。展示如期进行，八个小组各显神通，"各有各的招，人人都是精彩创造者，个个都是舞台的亮点。"

"我"用耳朵听到第一小组响亮的读词语声，很自然地把本单元的词语好好地盘点了一番，随后听到了第六组优美的葫芦丝伴奏，第七组有趣的故事，"我"的耳朵乐在其中。

"我"用眼睛看到了展示台上第二小组的词语分类，第三、四组各有特色的彩色文字和鲜艳的画面，看到了第五、六小组具有放映效果的PPT，看到了第八组有声有色的表演，"我"的眼睛美不胜收。

"我"全身心参加了《推敲的由来》的表演,这一次经历"大家可能再也不会忘记了"。

心理学家早就得出这样的结论:多种感官参与的记忆比单一感官参与的记忆效果强得多,深刻得多。"我"在今天的课上用耳朵听,用眼睛看,用身体做,多种感官参与学习过程,不仅激发了强烈的学习兴趣,更重要的是极大地增强了学习的专注力,强化了大脑的记忆功能。学生的创造力是无限的,不确定下次回顾·拓展他们又会出什么样的新招,表现出更高涨的学习热情来。

自主管理作业的味道是开心。

个案故事:准备听写默写

今天晚上有个家庭作业——准备词语盘点的听写和日积月累的默写,我花了足足一个小时的时间,就让我与你们分享一下过程吧。

回家后,我把其他作业全做完了,还只有7点35分,于是,我开始做听写默写这个作业了。我先准备听写,我把词语读了几遍,然后全部都录到手机中,接着合上书,拿出一本专门听写默写的本子,打开录音,开始听写起来。我井然有序地写着,非常顺利,可是到"歧途"这个词语时,"歧"字把我给难住了,这个"歧"左边部分是什么来着,感觉模模糊糊,只好把左边的半个字空着,写了右边的"支"。待全部听写完了,我打开书本对照,发现错了两个,一个是"歧",还有一个是"艰涩"的"涩",我把这两个字端端正正地各写了五个,就开始准备默写日积月累的四句话了。

在默写之前，我给自己定了目标，读8遍，尽量在8遍之内背出来；会背了就默写，努力做到全对；如果默错，错的句子写2遍。读到第6遍的时候，我就全会背了，为了不搞错顺序，我特意记住这四个句子开头的第一个字："兄""孝""爱""非"，我就开始默写了。前面三句挺顺利的，但最后一句我感觉没有了头绪。我背了前面忘了后面：非淡泊——无以——明志，非——宁静无以——致远。嗯，作者是谁来着？我便打开语文书，咦，原来是大名鼎鼎的诸葛亮啊！我把这个句子抄写了两遍后，又默写了一遍，终于大功告成后，我便安心地睡觉去了。

上床后我突然想起，老师说是星期四早上默写，今天准备听写就够了。不过没关系的，早晚都要干的，迟做不如早做，至少明天我可以轻松了。哎，忽然觉得明天的事今天做，比今天的事今天做还要开心。

自主管理作业的味道是开心。"词语盘点"是对一个单元中出现的新词的汇总，分"读读写写"和"读读记记"两类，"日积月累"是回顾·拓展时要求积累的名言名句，两者都是以记忆为主的知识。本文小作者具体记叙了自己完成准备听写和默写作业的一次经历，整个准备过程都是自主管理，文中多方面体现了小作者很强的学习自主性。

一、用手机帮助自己听写。一般情况下，听写需要有人帮助，听写的人先听到报出的词语，再写下来。但小作者用手机帮助自己完成，在录音时也很好地复习了词语，可谓是一举两得。边放录音边听写，按自己的节奏有条不紊地进行。听写完毕，校对，改正错误，整个过程井然有序。

二、用目标管理记忆进程。记忆的方法有很多种，用目标来管理自己的记忆进程是一个非常有效的方法。小作者记忆的"日积月累"共有四个名句：

◆兄弟敦和睦，朋友笃诚信。（陈子昂）

◆孝在于质实，不在于饰貌。（桓宽）

◆爱亲者，不敢恶与人；敬亲者，不敢慢于人。（《孝经》）

◆非淡泊无以明志，非宁静无以致远。（诸葛亮）

"我给自己定了目标，读8遍，尽量在8遍之内背出来"，小作者让自己奔着这个目标更好地集中注意力，用较快的速度记住这些句子。"读到第6遍的时候，我就会背了"，小作者做到了，而且超出预期，成功挑战了自己。

三、用编码增强记忆效果。编码是科学记忆的一种方法。日积月累的这四个句子都是独立的，它们之间的联系需要用意义建立，小作者有针对性地对它们进行编码：把每个句子的第一个字串起来——"兄""孝""爱""非"，只要提醒第一个字，后面的句子就容易回忆出来。从而把关联性不是很强的几个句子背下来、默出来。

四、用书写强化记忆弱点。手写能更好地提升注意力、专注力，减少分心。有学者认为：可能是手写笔记的人，比用电脑记笔记的人，会调用更多的认知加工，从而会主动筛选更重要的信息。换句话说，用手在本子上记笔记的时候，人们会更多深度地思考如何记、如何更好地记、如何更有策略地记。小作者按预先计划，把听写的错字"端端正正地各写了五个"，默错的句子"抄写了两遍"，让自己更加清晰地记住了这些重要信息。

当学生用一定的方法，学会自主管理完成作业时，他们所体验到的自我效能感[①]进一步激发着他们的内驱力——"知之者不如好之者，好之者不如乐之者"。

【注】①自我效能感：美国心理学家班杜拉提出的概念，指人们对自身能否利用所拥有的技能去完成某项工作任务的自信程度。

行动提升能力，获得归属感。

个案故事：六分之一的功劳

今天的语文课，我们班进行了一单元一次的回顾拓展展示。我们小组得了个满分10分！可是，这个10分不是天上掉下来的，里面也有我六分之一的功劳啊！

就在昨天下午，组长给我布置了任务：从本单元课文中找出描写人物动作的语句，并说出这些语句好在哪里。我立马行动起来，我翻开语文书，在第18课中发现了一个描写人物动作的句子，又在第17课中看好了一个句子。

傍晚放学回家，我取一张两面洁白的A4纸，先把第18课中的句子抄了上去。

1. "我冲出饭厅，跑进自己的房间，扑到床上失声痛哭起来。"——《"精彩极了"和"糟糕透了"》

这句话是人物的动作描写呀，但它好在哪里呢？我就对"冲""跑""扑""哭"这4个动词进行分析。"冲"和"跑"是"我"听到父亲"难道世界上糟糕的诗还不够多吗？"的批评后的行动反应，"冲出饭厅""跑进自己的房间"，速度都非常快。"扑"和"哭"说明"我"当时的不能忍受："我"失望，"我"委屈，"我"惭愧，"我"沮丧，"我"愤怒，"我"伤心，"我"再也控制不住自己，只能"扑到床上"，"失声痛哭起来"。这句话是对人物的动作描写，很好地反映了作者当时十分难受的心情。

接着我把第 17 课的一个句子也抄了上去：

2. "他坚定地站起身，向那片废墟走去。"——《地震中的父与子》

"坚定"说明文中的父亲已经下定决心要把儿子救出来，"站起身"说明父亲不再跪在地上哭泣了，他知道哭救不了儿子，只有把废墟挖开才能救出儿子，所以他化悲痛为行动，"向那片废墟走去"。他明明知道从教学楼倒塌的废墟中救出儿子有多困难，但他不怕，因为他心里只有一个信念，很坚定——一定要把儿子救出来。这句话让我深深地体会到父爱真的很伟大！

就这样 OK 了。

上午的语文课上，我们组的同学按次序把自己准备的句子展示给大家看，印象最深的是陈同学，他在 A4 纸中的画了一个大大的"田"字，每个方框里写一个句子，全是语言描写的，两句是课内的，两句是课外的，"田"字旁边还配有图画，真是图文并茂啊！

轮到我上台了，我把"作品"放在投影仪台上，绘声绘色地读给同学们听，希望能为我们组锦上添花。果真，功夫不负有心人，我们组拿到了令人满意的"10"分。

我一定要继续努力，为自己，也为我们小组！加油！

行动提升能力，获得归属感。归属感是个人自己感觉被别人或团体认可与接纳的一种感受。每个人都害怕孤独和寂寞，希望自己归属于某一个或多个群体，这样可以从中得到温暖，获得帮助和爱，从而消除或减少孤独和寂寞感，获得安全感。

一个人想被团队认可和接受，他就得与团队融为一体，在实现团队目标的过程中与其他成员一起同心协力，为团队做出贡献。

文中的"我"接受了组长的任务后立马行动,放学回家后专心致志地投入到完成任务的过程中。

"我"找好句子,把它抄下来,再抓住重点词语,联系课文内容,写出自己的理解和感受……在一步一个脚印的学习过程中,"我"的能力得到了提升,而提升个人能力,正是获得归属感的重要方法。"你若盛开,清风自来。"当你优秀时,你想要的便都来了;当你能力强时,便会有更多的人看见你、认可你。

功夫不负有心人,"我"的努力换来了满满的归属感:"这个10分不是天上掉下来的,里面也有我六分之一的功劳啊!""10分"是团队追求的目标,是令每个队员感到十分满意的结果。"不是天上掉下来的",当然是用努力换来的,有队员们的汗水,更有我的心血。"里面也有我六分之一的功劳","我"是多么认真地参与了整个过程,从家里一个人的战斗到教室里整个团队的出征,我确实是功不可没啊!

"我"自豪,"我"有六分之一的功劳;"我"满足,"我"分享了胜利的战果;"我"光荣,"我"是我们团队的一员;"我"自信,"我"会让自己做得更好。马斯洛的"需要层次理论"告诉我们:"归属和爱的需要"是人的重要心理需要,只有满足了这一需要,人们才有可能追求比它更高级的"自我尊重"的需要,直至最高级"自我实现"的需要。

成就感是对勤奋学习的最佳奖励。

个案故事:展示背后的故事

今天,我们进行了第六单元的《回顾·拓展》展示,我们组井然有序地展示的背后,隐藏着多少故事啊!这则日记就讲讲我的故事吧。

昨天下午组长给我们分配好任务,还约定:傍晚6点把资料发到QQ群。以前我们组展示的PPT,都是有组长大人牵头制作的,可是今天情况有变。5点30分,我把两个外貌描写的句子分析好,拍了照片发到我们小组群里的时候,他却告诉我们说:"大家对不起,今天我家的电脑坏了,不能做PPT了,所以请大家在纸上准备好。"得到这个消息,我一下懵了:我得自己做纸上PPT了?我发你的资料你不把关了?我写得有点多啊,还不知道写得好不好呢?

我只得向妈妈求助,我把材料拿给妈妈看,妈妈说:"第1句'他满脸灰尘,双眼布满血丝,衣服破烂不堪,到处都是血迹。'给你什么感受,写出来可能会更好。"我想了想,连忙加上一句:"读完这句话,一个伤痕累累,在废墟中拼命挖掘的父亲形象仿佛就在我的眼前。"妈妈满意地点点头。

第2句"褐色口罩上方,一对疲惫的眼睛吃惊地望着我,我的母亲……"妈妈鼓励我说:"'褐色口罩'说明妈妈工作的环境很不卫生,'疲惫的眼睛'说明妈妈工作很辛苦,'吃惊地望着我'说明妈妈对儿子的到来感到很意外,她不希望儿子来到她工作的地方,不愿让儿子看到自己狼狈的样子,你都分析得很仔细。"听着妈妈娓娓的讲述,我突然领悟到句子后面"我的母亲"这四个的真正含义了:含辛茹苦,任劳任怨,全心全意,这就是我的母亲!我连忙又在后面补充了一句:"'我的母亲'表达了我对母亲疲惫工作的心痛,养家糊口不容易的理解。"妈妈向我竖起大拇指说:"这下更完美了!"

有妈妈的帮助,我变得十分有底气了,我就开始下一步的工作了：做纸上PPT①。我先拿出一张A4纸，在距离纸四边的4厘米处用尺子和铅笔画一个淡淡的长方形，又在长方形中间画一条淡淡的直线，把长方形分成上下两等分。接着，我非常用心地把刚才的两个句子及分析工工整整地抄了进去，一边抄一边读，不妥的地方及时修改好。最后，我用橡皮把淡淡的长方形和中间的直线擦掉，拿起一支深蓝色的蜡笔进行美化……不一会儿，美化完毕。白色的纸，黑色的字，蓝色的框，整洁，清爽，赏心悦目。虽然花了一个多小时，动用了我的分析功，排版功，书写功，美化功，但我好有成就感啊！

上午的回顾·拓展展示中，我们组凭着一张张凝聚着我们心血的"纸上PPT"，为我们组取得了优异的成绩，我想每张"PPT"的背后一定都有一个精彩的故事吧。

【注】①纸上PPT：在实物投影仪上展示的作业纸。

成就感是对勤奋学习的最佳奖励。成就感是一个人做（或做完）一件事时，为自己所做的事情感到愉快或成功的感觉。文中的"我"在完成组长布置的任务，实现团队目标的过程中，经历了一系列艰辛的学习：摘录神态描写的句子，分析这两个句子，让妈妈帮着修改，对A4纸进行排版，边读边工工整整地抄写，对整张纸进行美化，可以说这是一项十分复杂的工程。但"我"却做得有条不紊，且乐在其中，其间有一个心路历程：首先，在接受任务的那一刻有来自组长命令的压力、团队群体的压力——适当的压力可以让个体产生一定的动力。接着是接到组长通知，说要每个组员自己做"纸上PPT"，此时的"我"只能独自面对，承担自己应有的责任——静下心来，专注于当下。妈妈的帮助和鼓励，使"我"受到了启发，甚至有瞬间的顿悟——增强了"我"完成这个学习任务的信心。从拿出 A4 纸开始，以后每做一步，离目标就近一步，越做越有劲——内驱力被充分激发了出来，要停下来也止不住。最后整张"纸上 PPT"完工，目标终于实现了，所有的付出都是值得的——愉悦和成功的感觉油然而生。

这种成就感的不断满足，学生个体就渐渐获得了勤奋的品质，这正是 6—12 岁儿童应该发展好的人格特质。

【附】埃里克森的人格发展八阶段

阶段	冲突	培养品质
婴儿期（0—1.5 岁）	基本信任与不信任	希望
儿童期（1.5—3 岁）	自主与怀疑	意志
学龄初期（3—6 岁）	主动与内疚	目的
学龄期（6—12 岁）	勤奋与自卑	能力
青春期（12—18 岁）	自我同一性与角色混乱	忠诚
成年早期（18—40 岁）	亲密与孤独	爱
成年期（40—65 岁）	生育与自我专注	关心
成熟期（65 岁以上）	自我调节与绝望	智慧

埃里克森认为，人格发展包括有机体成熟、自我成长和社会关系三个不可分割的过程，经受着内外部的一切冲突。其发展顺序按渐成的固定顺序分为八个阶段，每一阶段都存在着一种发展危机（冲突）。危机的解决标志着前一阶段向后一阶段的转化。顺利地度过危机是一种成功的解决，反之是一种不成功的解决。成功的解决有助于自我力量的增强和对环境的适应；不成功的解决则会削弱自我的力量，阻碍对环境的适应。

合作分享，共同成长。

个案故事1：《回顾·拓展八》，宝宝来啦！

话说，王老师把第八单元回顾·拓展的预习和展示作业布置下来了，组长立马把任务分给了我，我回家赶紧做起了PPT。

我们组的任务是"日积月累"这一部分，里面一共有四句外国的名人名言，我负责第一句。我开始做PPT了，先做封面的大标题：回顾·拓展八之日积月累，然后在下面加上"第三小组"。接着，要做内容了，为了让展示的内容具体些，我先打上第一句名言："你若要喜爱你自己的价值，你就得给世界创造价值。——（德国）歌德"再打上我对这句名言的理解：你如果想要喜爱自己的价值，你就要看自己是不是给世界创造了价值。因为只有给世界创造了价值，人们才会认可你的价值，这样你的价值才值得你自己去喜爱。这句话告诉我们：自己的人生价值更重要的体现在对他人和社会的奉献中。

我还搜到了歌德的照片，把照片复制在下一张PPT上，并在照片旁边附上歌德的一些资料：约翰·沃尔夫冈·冯·歌德，世界十大文豪之一，出生于德国法兰克福，戏剧家、诗人、自然科学家、文艺理论家和政治人物。代表作品有《少年维特之烦恼》《浮士德》等。

我又搜集了歌德的名言名句，把我最喜欢的两句复制，粘贴在另一PPT中：

1. 独立性是天才的基本特征。

2. 痛苦遗留给你的一切，请细加回味！苦难一经过去，苦难就变为甘美。

四张 PPT，搞定！随后我又锦上添花，给每张 PPT 加上了非常美观的背景。我从头到尾仔细放映了几次，没有错了，就发送给了组长大人。完美收工！

相信在展示的那一天，我们组一定会让同学们领悟到名人、名言的魅力！

个案故事 2： PPT 超链接

还有两天就要进行第八单元的回顾拓展了，组里的同学也已经把各自的任务完成了，今天该我出手把这些 PPT 链接起来了。

我做完作业，打开电脑，双击进入 PPT。先挑模板，当然得找一个好看的。我看中了一个黑板 4∶3 的，点击下载。

模板选好了，先打大标题 "回顾·拓展 8"，再在下边放上一个搜索来的小人，点击白色，"完美！"。接下来制作目录，打上我们小组同学的名字：徐××、单××、时××……设置好超链接。

我先链接徐××的，只见一张 PPT 上面，"标题""内容"和"我的理解"，一目了然。加上漂亮的模板，下面还有两个有趣的钟表，组合在一起，非常吸引人的眼球。

标题：趣味语文　手表广告（167 页）

内容：国外一家钟表公司的广告是：本公司在世界各地的维修人员闲得无聊。

我的理解：这个广告的意思是这家钟表公司的产品质量非常好。维修人员都闲得无聊，言外之意就是钟表极少有故障，返修率低，说明钟表质量没有问题。原来广告还可以这样做！呵呵！

第二个链接我自己的两张 PPT。

最短的科幻小说

美国近代著名科幻小说家弗里蒂克·布朗写过一篇文字最短的科幻小说，翻译成汉语，只有一句话：地球上最后一个人独自坐在房间里，这时，忽然响起了敲门声……

我的理解：哈哈，这科幻小说可真够短的，但是内容全都具备。科幻小说要求选好题材，有框架，写得有血有肉。内容要求有时间、地点、人物，所干的事情。最后一个省略号直接引发了读者的想象。真可谓是经典呀！

我再链接单××的PPT时，看到了他搜集的课外趣味语文故事，其中一则是这样写的：

晚饭后，母亲和女儿一块儿洗碗盘，父亲和儿子在客厅看电视。突然，厨房里传来打破盘子的响声，然后一片沉寂。儿子望着他父亲，说道："一定是妈妈打破的。""你怎么知道？""她没有骂人。"

这个还真是有趣，简单的几句对话，把这位母亲责人以严，待己以宽的形象印入了读者的脑海。

就这样，我把组里六位同学的PPT全都链接上了，放映了两遍，效果挺好的。

"万事俱备，只欠东风。"两天以后，看我们的精彩吧！

个案故事3：回顾·拓展活动主持稿

大家好！这次回顾·拓展由我来为大家主持。

学完了本组课文，我们既感受到德国人与花的独特魅力，也感受到非洲的异域风情。各小组也都做了回顾与小结，我们已经把各小组的出场顺序安排在这个表格上了（黑板上画有"回顾·拓展8评分表"），接下来就按这个顺序交流吧。

首先我们有请第三小组陈××同学为大家带来的《美洲风情之

建筑篇》。

陈同学讲述:"我们组为大家分享的是美洲风情之建筑篇,众所周知,美国是美洲最主要的一个国家,他们的建筑风格怎么样呢?先请大家欣赏一组图片……这些不同背景下的金门大桥图片,让我们领略到金门大桥的宏伟与壮观。"

谢谢陈同学!谢谢第三小组!请各位评委为第三小组的展示打好分,下面请第六组徐××同学为我们送上一顿大洋洲的美味大餐。

徐同学讲述:"大家都知道,大洋洲有许多独立的国家,澳大利亚、新西兰、吐鲁克、基里巴斯等,每个地方都有自己独特的地理位置和人情风俗。这是董××同学搜集的大洋洲的地理位置资料……还有大洋洲的稀有动物……海鲜、袋鼠肉、葡萄酒,在澳大利亚随处都可以吃到,让我们一起欣赏澳大利亚的主要美食吧……谢谢大家的观看!"

看过澳大利亚的美餐,让我们来回顾一下本单元第25和27课的一些写法上的特点,有请第八小组的宋××同学上台……

宋同学讲述:"……我们组的回顾拓展展示完毕,谢谢大家的欣赏!"

下面有请第七小组高××同学代表他们组,与我们分享第26课和28课的写作特色。

高同学讲述:"今天我们为大家回顾26课《威尼斯的小艇》和28课《彩色的非洲》这两篇课文的写法上的特点,以及学习课文后的感悟,希望大家能认真倾听……"

感谢高××同学给我们的分享!这学期就要结束了,我们肯定有很多的收获和感受。就请车××同学谈谈他们第二小组同学在语文学习上的收获和体会以及今后的打算。

车同学讲述:"……一个学期又临近了尾声,我们的语文学习是很充实的:瞧!作业本红红的优和五角星,增厚了一层的语文书,这要归功于我们的课堂:第一单元,我们走进了祖国西部这一片神奇的土地,见到了有独特风情的草原,听到了丝绸之路背后的故事,并为祖国建设者们骄傲……丰富的知识,等我们去学习与发现!"

听完了车××同学侃侃而谈的交流,我们也一定想听听第一小组同学这一学期的收获和感受,欢迎裘××同学上台为我们展示。

裘同学讲述:"大家好!这学期快要结束了,我们第一小组同学对一学期的收获和体会做了认真的总结,请大家欣赏……再来看看杨××同学的感悟与收获吧:五年级下册的学习生动而有趣,给我留下印象最深刻的是第六单元——综合性学习活动。这个单元的学习快乐又充实,最开心的还是收获到了以下两点道理:……"

俗话说得好,"知识是个宝,一生离不了。"在我们交流了这么多的收获和打算之后,请大家把书翻到166页,了解一下"日积月累"带给我们的大道理。

苏同学讲述:"大家好!今天我们第三小组为大家带来的是回顾·拓展八之日积月累……"

苏××同学的分享让我们脑洞大开,最后请大家放松一下,让第四小组高××同学与我们交流快乐语文,快乐学习。

高同学讲述:"我们第四小组与大家交流的是回顾拓展中的趣味语文,请大家把书翻到第167页,有兴趣的同学可以记一记。首先看一下徐××同学对第一则故事《手表广告》的理解……看完了课内的,再给大家看几则课外的趣味语文故事,分别有单××、陈×、王××同学提供……"

高××同学为我们展示的趣味语文，有着非常深刻的哲理。到现在为止，八个小组的展示已经完毕，我觉得每个小组的展示都非常棒！

最后请1、3、5、7组的评委在表格中填写分数（然后是2、4、6、8组），同时请王老师为我们讲话。

合作分享，共同成长。上面三篇文章非常完整地组合成五年级下册《回顾·拓展八》的教学过程。这个《回顾·拓展》有三个内容：

一、交流平台，要求交流三个方面内容：

1. 本组课文让我们领略了亚洲、欧洲、非洲的风情。你从电影、电视、书籍、报刊等渠道一定还了解到其他一些异域风情，我们可以围绕这个内容进行交流。

2. 在写法上，本组课文也有一些特点。如把人的活动同景物、风情结合起来进行描写。就拿《威尼斯的小艇》来说，作者紧扣小艇，介绍了无论是白天还是夜晚，人们的生活都与小艇息息相关。这样，景、物和人相互联系，使文章充满了生气。让我们围绕本组课文在表达上的特点，交流学习的收获。

3. 这学期就要结束了，我们还可以交流各自在语文学习上的收获和体会，说说今后打算怎样继续努力。

二、日积月累，要求积累四句名人名言：

1. 你若要喜爱你自己的价值，你就得给世界创造价值。——（德国）歌德

2. 让语言的号角奏鸣！哦，西风啊，如果冬天来了，春天还会远吗？——（英国）雪莱

3. 果实的事业是尊贵的，花的事业是甜美的，但还是让我在

默默献身的阴影里做叶的事业吧。——（印度）泰戈尔

4.假如生活欺骗了你，不要心焦，也不要烦恼，阴郁的日子里要心平气和，相信吧，那快乐的日子就会来到。——（俄国）普希金

三、趣味语文，有三个有趣的语文资料：

1.手表广告　国外一家钟表公司的广告是：本公司在世界各地的维修人员闲得无聊。

2.最短的科幻小说　美国近代著名科幻小说家弗里蒂克·布朗写过一篇文字最短的科幻小说，翻译成汉语，只有一句话：地球上最后一个人独自坐在房间里，这时，忽然响起了敲门声……

3.交通告示　马来西亚柔佛市交通部门，在交通安全周期间，于市内贴出告示：阁下，驾车时速不超过30英里，你可以欣赏本市的美丽景色；超过60英里，请到法院做客；超过80英里，欢迎光顾本市设备最新的急救医院；上了100英里，请君安息吧。

在布置预习的时候，让各小组申报愿意展示的项目：交流平台的三个内容，每个内容各由两个小组承担，日积月累一个组，趣味语文一个组。

第一篇文章的小作者所在的组承担了日积月累部分的学习成果展示任务，组长把这个内容又分为6份：每个同学做1句课内名言，还有2人找课外的名人名言各2句。小作者叙述了制作第一句名言的PPT的全过程，并把PPT发给了组长，之后就是串PPT的同学的事了，自己只要等着学习和欣赏其他同学的学习成果了。

第二篇文章的作者是一位组长，他叙述了自己超链接组员们的PPT的过程。当然做超链接的也可以是组里的其他同学，完全由组员们协商决定。一般做链接的同学都是代表小组出场展示的同学，因为在展示时需要串讲。一个学期八个单元中，组里的每

一位同学至少有一次机会代表小组上台展示。

第三篇文章是主持这次回顾拓展的同学写的（整理时引用了小组代表交流的语句），主持稿对全班八个组展示的内容进行串联，需要早做准备，并熟记于心。主持人一般让组长来担任，一个学期八个单元，全班八个小组，刚好每个组长都有一次机会。

如果把一个小组里每个同学展示的成果看成是一个"点"，那全组同学展示的相关内容就是一条"线"，全班八个组的展示就形成了一个"面"，加上一个单元中的其他内容，就组合成了一个"体"。一个单元的学习就在回顾拓展中打成一个结实的"包"，这个"包"里有你有我，合作时我为人人，人人为我；分享时，我的就是你的，你的就是我的。合作加分享，全班同学一个也不落下，大家一起行动，一起成长。

在自主学习中发展自我。

个案故事：制作 PPT

下午放学回家，我做起了《回顾·拓展1》的 PPT。

我的任务是"趣味语文"。我选好模板，设置好背景，做好了封面：回顾拓展1　银河探索小队。

本单元"趣味语文"的具体内容是《妙答"一"字诗》，讲的是清朝诗人陈沆在赶考途中，因求渡巴河，妙答艄公的一首有十个"一"字的七言绝句：

一帆一桨一渔舟，

一位渔翁一钓钩。

一俯一仰一场笑，

一江明月一江秋。

这首诗读起来朗朗上口，画面清晰，颇具诗情画意，特别是这个"一"字，在诗中有多个意思："独""一""满""全"，真有趣味。

我想一定还会有其他的一字诗，于是上网搜索，页面上的一字诗还真是琳琅满目啊！我一页一页浏览，想挑选最喜欢的三首，放在 PPT 上，供同学们积累。

第一首是何佩玉（清）的一字诗：

一花一柳一鱼矶，

一抹斜阳一鸟飞。

一山一水中一寺，

一林黄叶一僧归。

第二首是咏王昭君的一字诗：

一车一马一路尘，

一鸣秋鸿一缕魂。

一曲一唱一声怨，

一月空照一丘坟。

突然，一位学生的诗引起了我的注意——我心血来潮，写下了自己的一首：

一扑一叫一阵笑，

一东一西一蹦跳。

一来一去一欢呼，

一争一夺一逃跑。

虽然写得不怎么样，但这种创新方式却是我追求的。

封面，4 首一字诗，封底，总共 6 张 PPT，30 分钟轻松搞定，太 OK 了！

在自主学习中发展自我。每个孩子天生就有自我发展和探索的驱动力，但是这个本能的驱动会受到外界环境而增强或削弱。在完成团队任务背景下的自主学习，学生既有明确的方向，又有自由选择的权利，自我发展和探索的驱动力得到有效的激发。

本文小作者在自主学习过程中，四个方面的发展特别明显：

1. 强烈的责任心。做 PPT 时：选模板，设置背景，做封面，展示内容——回顾拓展1，特别是自己所在的团队名——银河探索小队，这些都做得非常用心。然后是"趣味语文"的具体内容：《妙答"一"字诗》，对诗的理解所展示的信息正确、全面——在理解的基础上更容易积累。

2. 探索的好奇心。小作者并没有满足于教材中的一首"一字诗"，主动到网上探寻更多的"一字诗"，在琳琅满目的"一字诗"中一页一页浏览，想选取最喜欢的三首放到正在制作的 PPT 中，与全班同学分享，供同学们积累——拓宽了视野。

3. 勇敢的创造心。探索中的小作者，突然发现了一首学生写的"一字诗"，这下，激发了他的创作灵感，于是即兴写下了一首"一字诗"，并且满心喜欢——"这种创新方式却是我追求的。"

4. 充分的自信心。小作者以极大的热情投身于制作 PPT 的过程，整个学习过程，只用了 30 分钟的时间就轻松搞定，除了技术的熟练，更是对自己有充分的信心。

自主学习提升了学生的学习能力，形成了学生良好的学习品质，激发了学生的好奇心，培养了学生的创造能力。自主学习是个体发展自我的必经之路。

自主学习，各得其所。

个案故事1：美味课堂

"啊！真美味呀！真美味！你们还有没有啊？我还想吃……""我也要，我也要！"你一定会问：什么东西这么好吃啊？让我来告诉你吧。

今天下午，我们如期举行了第二单元的《回顾·拓展》。我们是第三个上场的小组，悄悄告诉你吧，我们组可有秘密武器……

终于，轮到我们组了，我微笑着，对同学们说："请大家拿出水杯盖，我们给大家尝尝钟××爸爸做的麻辣烫。"这时教室里一片沸腾。宋××和韩××为同学们分麻辣烫。

闻着麻辣烫的香味，看着麻辣烫那可口的样子，我口水都要流出来了。待同学们吃得差不多了，我便开始介绍我们组制作的PPT。我们的PPT上有各地的美食介绍……

下面的同学都面露馋色观赏着这些美味特产。我心中暗暗欢喜：哈哈！馋死你们吧！

……

"请评委打分。"主持人一声令下，评委们纷纷走上讲台亮分。我对这次活动结果毫不担心，我们一定能取得好成绩！果真，分数出来了，我们组以总分61的高分，稳稳地拿了一等奖。

最后，我终于尝到了麻辣烫的滋味，两个字：美味！同时我们也尝到了成功的滋味，两个字：美味！

个案故事2：难忘的《回顾·拓展2》

这个星期三下午，我们举行了第二单元的回顾·拓展活动。这次八个小组的展示可谓是"八仙过海，各显神通"。这一单元的主题是民俗民风，王老师为我们每个小组都安排了展示的内容，我们组要展示的是结合《各具特色的民居》这篇课文的写法，介绍我们绍兴的民居。

我们组全体成员积极动手，搜集了许多我们绍兴民居的资料、图片，然后选择了绍兴民居的代表性建筑"台门"做了一分PPT，内容非常丰富，有绍兴史上规模最大的九间十三进的吕府，有鲁迅故居的周家新台门和老台门，还有保存较好的明清台门：高家台门、何家台门、谢家台门、杜家台门等。

另外，我还在策划一个"惊喜"，那就是戴上水袖，为大家跳一曲藏族舞。

活动开始前，我想我们组这么有创意，一定稳操胜券能夺第一。万万没想到我们有十分有实力的竞争对手……在我们组出场之前，祝××同学所在的第八小组在陈××吹的萧萧笛声下介绍了一张张精美的PPT，让下面的观众在听觉与视觉上得到了享受；杜××带领的第七小组竟还为大家带来了麻辣烫，每个人都有一点点，可惜我只分到了"咪咪"一些，好不过瘾，吃了还想吃。太有创意了……看了这些组，我深感压力"山"大，得好好表演才是！

最后，动听的笛声打动了评委；美味的麻辣烫吃软了大家的舌头；我拿完美的藏族舞收买了观众的心。我们这三个小组并列取得了第一！

这次回顾·拓展，我欣赏到了很多民族各具特色的节日风俗、民居风格、美味小吃，积累了两首古诗：《元日》和《天竺寺八月十五日夜桂子》，看到了每个小组，每个同学认真、精彩的表演，太棒了！

这真是一次让人难忘的回顾·拓展！

个案故事3：收获累累的《回顾·拓展2》

今天下午，我们班举行的第二单元的回顾·拓展活动，让我收获累累。

第一个上台的是第八组。他们做的PPT十分精美，内容也紧扣主题，不仅回顾了本组课文的写法，还在陈同学的笛子伴奏中向我们介绍了回族、傣族、彝族的服饰。我听得特别专心，知道了彝族主要居住在我国的西南地区，少数分布在越南、老挝等东南亚地区，人口约871万。可谓收获特别大啊。

但令我记忆深刻的却是第七小组和第四小组的展示。第七小组清楚地梳理了本单元课文的写作手法，还介绍了很多有名的地方美食。除了内容丰富外，他们考虑得特别周到的是——为我们全班同学都分了一点"麻辣烫"，虽然量不多，但我们能边吃边欣赏他们展示的成果，这可是从来都没有过的啊！

第四小组水平也不亚于第七组，他们组的张××先用简洁的语言为我们总结了《藏戏》的写作特点，再饶有趣味讲述我们绍兴越剧的特色。我特别佩服张同学的口才，她只用了4分钟的时间就把10多张PPT讲解得非常完美。

我们组是压轴出场的，虽然PPT也做得很精美，但介绍的声音太轻了，只能得9分。虽然得了9分，但我学到了这么多，哪怕得5分也知足了。

自主学习，各得其所。进入高年级，学生的学习自主性不断增强，他们对游戏课堂模式已经非常熟悉，甚至也能设计课堂游戏，让游戏更刺激。上面三篇文章都是对六年级下第二单元回顾·拓展课堂的经历和感受做的记述，虽然角度不同，但都呈现了自主学习的状态。

《美味课堂》的作者沉浸在"秘密武器"的自信中，在回顾·拓展课堂的前一天，这个组有同学来问老师："这次回顾·拓展是不是按时进行？"原来他们早有安排，要在活动当天把麻辣烫带到学校，"给大家尝尝钟××爸爸做的麻辣烫"。他们这样做当然是为了得到这次活动的高分，让团队取得好成绩。因为麻辣烫是地方特色美食，与本次活动内容非常相符，恰到好处。尝麻辣烫的新鲜感带来了强烈的刺激，课堂一片惊喜，正如作者所说"我对这次活动结果毫不担心，我们一定能取得好成绩！"

《难忘的回顾·拓展2》叙述了全组同学在这次回顾拓展中围绕主题，团结合作，扎扎实实动手实践，"搜集了许多我们绍兴民居的资料、图片，然后选择了绍兴民居的代表性建筑'台门'做了一分PPT，内容非常丰富"。而且小作者充分发挥自己能歌善舞的特长，"还在策划一个'惊喜'，那就是戴上水袖，为大家跳一曲藏族舞"，可谓创意十足，以为"一定稳操胜券能夺第一"。可看了前面几个组的展示，"深感压力'山'大，得好好表演才是！"文章写得引人入胜，一环扣一环，最后结果是皆大欢喜，让人如释重负。

《收获累累的回顾·拓展2》的作者是一个全程的观察学习者，文中写了印象深刻的三个小组的成果展示：第八组伴有笛声的少数民族服饰介绍；第七组让我们品尝着麻辣烫欣赏着各地的特色美食；第四组内容安排合理，语言简洁，更有口才出众的张同学。看着养眼，听着悦耳，吃着解馋……从器官感觉到内心感受都让人觉得满足,这就是"收获累累"。

　　作者在结尾也表达了对自己组介绍时声音太轻的遗憾,但能学到这么多东西已经足够了,至于结果得了9分又有什么好不满足呢?

　　每一次回顾·拓展活动都像一场盛大的联欢会,为了迎接这场盛会,各小组的每个同学都要竭尽所能献上最精美的学习成果。这些精美的学习成果都是学生自主学习的精华,包含着各种优秀的学习品质(主动实践、乐于探索、勤于动手等)和综合能力(搜集和处理信息能力,获取新知识能力,分析和解决问题能力,交流和合作的能力等)。学生无论是参与还是观察,只要身在其中都受益匪浅。

游戏模式四　初读课文

初读课文　我展示

综合性学习、口语交际、回顾·拓展，都可以用课堂游戏的形式开展教学，且学习效果如此之好，课文的学习是不是也可以用游戏活动的形式进行？怎么样进行？反复思考后，我决定把一篇课文的教学分为两个课时：第一课时——初读课文；第二课时——深读课文。

第一课时用预习成果展示的方式开展游戏活动。初次尝试是让每个学习小组派代表展示，还没上完一堂课就觉得不行：首先一堂课40分钟的时间内完不成教学任务；其次八个小组都做得很费时，内容太多，光一个小组就要展示很长时间；再是内容缺少条理性，重复太多，这个组展示的内容，另一个组又展示了出来；最后是学习效率不高，而且重复内容的出现会让学生有挫败感。随后，马上调整为分块展示：前一篇课文由八个小组中的一、三、五、七组分别展示一个项目：1.课文朗读；2.字词学习；3.好句欣赏；4.课文导读。等学完这一篇课文后，下一篇课文由二、四、六、八组展示。再下一篇课文又由一、三、五、七组展示，但展示的项目需要做一下轮换。

这样一来，效果非常好，课堂学习有条不紊，展示的内容一个接一个，每个组都把自己的任务完成得很到位，听课的同学也按节奏互动，该读的时候读，该记的时候记，该做的时候做。40分钟到了，第一课时的内容也完成得差不多了，学习效果和效率都挺让人满意。

由此，这种课堂模式基本就固定了下来，而且在每学期开始的第一节课老师就对整册教材作统一的安排：哪个小组哪一课，哪一个项目，都明确告诉大家；然后各组讨论，组长协调，每一个组员领走各自的具体任务；最后老师汇总，制作成《课文预习成果展示主持人安排一览表》，下发给每一个同学。如下表所示。

第11册课文预习成果展示主持人安排一览表

课次	1	2	3	4	5	6	7
朗读	尉××	王××	汪××	谢××	徐××	蔡××	钟 ×
字词	裘××	高××	宋××	高××	韩××	杨××	高××
好句	王××	高××	陆××	孙××	张××	孙××	徐 ×
导读	韩××	陈××	应××	蒋××	俞××	董××	钟××
课次	8	9	10	11	12	13	14
朗读	谢××	楼××	王××	胡××	冯××	陈××	何××
字词	楼××	裘××	韩 ×	陈 ×	朱××	陈××	韩××
好句	陶××	焦 ×	王××	喻××	裘××	王××	沈××
导读	单××	苏××	车××	尉××	时 ×	高××	汪××
课次	15	16	17	18	19	20	21
朗读	孙××	陆××	尉××	高××	胡××	徐 ×	陈 ×
字词	王××	徐××	董××	谢××	何××	陈××	裘××

续表

好句	俞××	楼××	王××	徐××	谢××	车××	时 ×
导读	徐××	宋××	杨××	韩××	孙 ×	王××	韩 ×
课次	22	23	24	25	26	27	28
朗读	焦 ×	钟 ×	喻××	丁 ×	张××	董××	谢××
字词	苏 ×	王××	徐××	陶××	徐 ×	单××	钟××
好句	丁 ×	冯××	楼××	蔡××	朱××	苏××	韩××
导读	裘××	陈 ×	陈 ×	谢××	车××	沈××	蒋××

【注】综合性学习单元另行安排。

按表中的安排，八个小组轮流展示四个项目的成果，一学期中每一个小组最多有四次展示的项目是相同的。以第一小组为例：第一课展示的是朗读；第三课展示的是字词；第五课展示的是好句；第七课展示的是导读。这样两个单元完成了一个循环。

组间循环是四个大项目的轮换，组内也有循环。一个小组，五至七个成员，每个成员轮流主持、负责小组的项目预习成果展示，即每人轮流上台主持项目成果展示，就如上面表中所安排的具体的项目与姓名。

主持的同学要组织、带领全组同学一起完成项目成果展示的任务。展示时，全组同学必须人人上场，不能落下一个。完成展示任务后，要接受全班同学的评价。

如果在展示过程中有掌声响起，则根据掌声次数能获得额外加分；如果主持人的主持状态、组员们参与的情况、展示成果的质量有欠缺，则会从满分 10 分中酌情扣分。这是课堂活动的规则。

加分最多的项目是"好句欣赏"，所谓"好句欣赏"，就是要求学生在预习时，从课文中挑选出自己最喜欢的一个句子，多读几遍，细细想想这个句子好在哪里。这是一项需要用心投入、精细加工的练习，是体现个性化阅读和深度阅读的项目。同一篇课文里的同一个句子，不同的学生有不同的理解，理解的角度不同，层次不同，深度不同。因此，课堂上在该项目展示之后，老师还会邀请其他欣赏得特别好的同学与全班同学分享。这样一来，学生在"挑选""多读""思考""欣赏""展示"的整个学习过程中，有效地解决了一系列阅读的问题。由此产生的课堂效能大大超乎"纯语文"和"纯心理辅导"课的预期。

在心情愉悦，思维活跃，敞开心扉，各抒己见，广泛接纳各种观点的课堂氛围中，学生的灵性得到启发，潜能得到挖掘，灵感得到捕捉，积极性、主动性、创造性得到了极大的发挥。这种欣赏带给学生个体的发展，不仅是语文层面的，更是心灵层面的——阅读的质量层层提升：外显的内容形式层面的理解——内含的精神情感层面的理解——深远的生命人格层面的理解。以四年级下册的部分好句欣赏为证：

感悟阅读的美味。阅读是美好的，课文中的一个好词、一个好句，都能给人以无限的遐想。当学生的心沉浸在课文的意境时，美好的情感油然而生：动态的、静态的，形象的、抽象的，感性的、理性的……这些内心感受与人分享时，在场的每一个人都会觉得轻松愉悦，因为大家尝到了其带来的美味。

原句：它们比青草只矮几厘米，躲在下面，好像只要一使劲儿，就会齐刷刷地冒出来……

——摘自《花的勇气》

这句话体现出了小花们的蓬勃生机，可爱极了。句子似乎演了一场"大变活人"的把戏，其中"躲"字用得特别好，既体现出了小花比青草矮,又让人觉得小花羞羞答答的样子,像小姑娘害羞似的不敢出来。"只要一使劲儿"运用了拟人的手法,从中可以体会到作者很想帮助那些小花,帮它们探出头来,但花儿们是自然生长的,不能靠外力,不然就是拔苗助长了。"冒"说明了花儿们旺盛的生命力。加油,花儿们!最后的"……"好让人回味无穷啊!

原句:这就是真正的荷兰。

——摘自《牧场之国》

文章第一句话的最后一个词就是"牧场之国",强调了牧场之国是本文要介绍的内容。文中4次提到了"这就是真正的荷兰。"为什么呢?

第一次是第2段的最后一句。第2段写原野上有许多黑白两色的花牛,让我知道荷兰养牛业很发达,牛多,养牛的人当然也多啦,牧场之国当之无愧哦!

第二次是第3段的第一句。这一段写马儿是原野这个自由王国的主人——原来荷兰还有马?我这样想。

第三次是第4段的最后一句。这段写羊、猪、小鸡在原野上自由地生活。啊!荷兰,真是个大牧场,有这么多的牲畜!

第四次是第5段的最后一句。全段写荷兰的夜晚是寂静的。

啊!荷兰在我脑海中的印象一次又一次地被刷新:黑白两色的花牛,膘肥体壮的马儿,悠然自得的绵羊,不停呼噜的猪群,成千上万的小鸡,沉沉静寂的夜晚……这就是真正的荷兰,这就是真正的牧场之国!

感悟阅读的技巧。阅读需要方法和技巧,用什么方法,有什么技巧，老师的传授是非常有限的，只有学生在阅读实践中切身领悟到的，才是终身受用的。

原句：只是，他神情严肃，看不出中彩带给他的喜悦。

——摘自《中彩那天》

一看到这句话有"神情"两字，我便去找图片。在20页的图上，首先看见的是一辆崭新的黑色奔驰，坐在车里的是父亲，车子旁边的那个金色卷发的小男孩应该是"我"。图中，父亲的眉头紧紧锁着，看不出一点喜悦。我很奇怪，为什么父亲中了彩还不高兴呢？他不是一直想要一辆汽车吗？读到下文，我恍然大悟：原来父亲正面临着一个道德问题——要诚信，还是要车子？读了这句话，我明白了：如果句子中出现"只是"这个词，那就说明后面会有转折，要重视。此外，联系插图可以帮助我们更好地理解课文。

原句：此刻安静的心上，一定划过一条美丽的弧线，蝴蝶在她八岁的人生划过一道极其优美的曲线，述说着飞翔的概念。

——摘自《触摸春天》

多么美妙啊！安静心里肯定也这么想，那条美丽的弧线是安静平生第一次体验。尽管她看不见，可她可以用心去感受那飞行的概念，安静一定高兴极了。可惜，就差一双明亮的眼睛，唉，真令人惋惜啊……

开始，我不知道"弧线"是什么意思。我查词语手册，一个一个找下去，找到第12个才找到，太麻烦了，太费时了，如果有更多的词语，那会浪费更多的时间。唉？我忽然灵机一动，想了一个好办法：以后预习新课，可以把课文和词语手册对照起来，同时给这些新词编号①②③，遇到不懂的词时，只要查一下编号就行了。我太高兴了，竟然发现了这样的"高招"！

原句：鸡，乡下人家照例总要养几只的。从他们的房前屋后走过，肯定会瞧见一只母鸡，率领一群小鸡，在竹林中觅食；或是瞧见耸着尾巴的雄鸡，在场地上大踏步地走来走去。

——摘自《乡下人家》

看到这句话，我心里一喜，因为我的老家正在乡下，也正好养了许多只鸡鸭，和作者说的差不多，几乎每家每户都有鸡或鸭。但近几年放生的鸡鸭已经不多了，大多都像爷爷家一样，弄个鸡舍鸭棚，把它们关在里面，所以无法看到作者所写的那种景象了。

但通过看图和进鸡舍捡蛋的经历，我对作者所写的景象还是略知一二的。鸡舍里通常是这样的：母鸡在啄食、喝水，身旁围着一群小鸡，它们叽叽叽地叫个不停，似乎在说："我也要！我也要！"公鸡则不像小鸡那么烦，它一般在鸡舍里绕着圈子走来走去。它总是那么昂首挺胸，神气十足，比四年级上课文《白鹅》中的那只白鹅还要傲气呢！

联系自己的生活经验理解好句，真是一个不错的方法。

感悟阅读的价值。阅读终究是要为生活、为社会服务的，学生能把阅读所得转化为一种解决问题的能力，转化为一种生命的能量，那其作用将十分长远。

原句：要使人人都明白这样一个道理：破坏森林是不折不扣的自杀行为；要合理规划利用土地，同时还要大量修筑水利工程。这样数管齐下，一定能防止水土流失，黄河变好的梦想一定能成为现实。

——摘自《黄河是怎样变化的》

读了这句话，我认为黄河沿岸的农民也太没有先见之明了。

我是这样想的：假如一个农民有100亩土地，旁边有70亩荒地，如果不开荒，这100亩土地始终不会少；但如果把旁边的70亩土地全开垦出来，那几年以后，这170亩地就可能因水土流失而使土地变得贫瘠，最终成为一片泥塘。你说是开垦了荒地好处大呢，还是不开垦荒地好处大？

我们可以用具体的数据来计算一下：假如1亩地每年能赚50元，那100亩地就可以赚100×50＝5000元，这5000元是每年都可以赚到的。如果开垦了旁边的70亩荒地，变成了170亩，那可赚的金额就是170×50＝8500，看上去似乎比100亩土地要多赚3500，但10年以后，170亩土地全都没了，一点钱都赚不到了。到那时候才明白开垦荒地是多么的不合算啊，但已经晚了，而且都无法弥补了。由此，我们也可以用列字的方法，把黄河变化的结果写得更被人认同，"破坏森林是不折不扣的自杀行为"这个道理就显得十分清楚了。

原句：《蝙蝠和雷达》（题目）

——摘自《蝙蝠和雷达》

《蝙蝠和雷达》，一开始读了这个题目，我不知道蝙蝠和雷达是什么关系。虽然还不知道课文是讲什么的，但我觉得一定是一篇科普文。

读完课文，我知道了：原来人类一开始是奇怪蝙蝠在夜里飞行为什么总是不会被什么东西碰到。后来科学家经过试验，反复研究，揭开了其中的秘密：蝙蝠的嘴能发出一种超声波，超声波碰到障碍物会反弹回来，反弹回来的超声波被蝙蝠的耳朵接收，蝙蝠就知道前方有障碍物，于是就灵巧地避开了。科学家根据蝙蝠夜间飞行的原理发明了雷达，让飞机也能在夜间安全飞行。

从中我知道了雷达是仿照蝙蝠发明的，这一门学科叫"仿生学"。我还从《资料袋》中知道了：人类模仿蜻蜓的翅膀改进了飞机的机翼；模仿青蛙的眼睛发明了电子蛙眼。我明白了只要留心观察，用心、细心，你一定会发现大自然的许多"奥秘"，让大自然更好地为人类服务。

感悟阅读的真谛。阅读的真谛是提升生命的质量。人最宝贵的是生命，生命是智慧、力量和一切美好情感的唯一载体。生命与生命交会，常常会撞出令人惊叹的美丽火花。学生读着文本，走进了作者精彩的人生，相信他们也会对自己的生命有着不同的思考和体会。

原句：我可以好好地使用它，也可以白白地糟蹋它。一切全由自己决定，我必须对自己负责。

——摘自《生命 生命》

《园地五》"我的发现"中，小林告诉我们：课文中有些句子有较深的含义，需要我们细细品味。于是，对这句话，我又细细地读了好几遍，明白了它的意思是：生命是自己的，我们可以使它发挥出最大的价值，也可以虚度年华，白白浪费。我们究竟怎么度过生命，一切都有自己决定，也就是说，"我的生命我做主"。由此，我想到了，在我们的生命历程中，会遇到许多交叉路口，需要我们自己做出选择，无论是选对了，还是选错了，都要自己面对。我是个爱哭的女孩，遇到挫折总会掉"金豆豆"。现在，我忽然明白了：哭是没有用的，因为哭是不能解决问题的，哭完了还是要自己去面对，这和不哭有什么不同？况且还浪费时间，糟蹋心情。

小林还说到了其他理解句子的方法，比如：联系时代背景，联系自己的生活经验。于是我想起了老师曾对我们说过："要对自己负责。"哦，对自己负责就是对自己要认真，作者杏林子说得对。生命是自己的，别人的提议永远只是提议，别人是无法替代自己的。对自己负责，对生命负责，才算是"好好地使用它"。当然不要对自己太过于严厉，有时候不一定要做得很完美，而是要做"最好的自己"。句中的"必须"告诉我们，在面临选择的时候，不能想当然，而要从长远看，对自己全面负责。

唉，"我的发现"真是一个"秘诀箱"，里面向我们介绍的方法太管用了，大家可要多多去学习和运用哦！

感悟阅读的境界。何谓"把书读厚"了？下面的例子简直令人惊奇：一个四年级的学生，竟有如此的阅读境界！这称得上是"完美的阅读"，是灵性和悟心，用心和耐心结合体。

原句："一声呼，一声应，忽高忽低，那么欢快，那么柔美。"

——摘自《麦哨》

这句话中的"呼"和"应"结合在一起，给了我十分美好的想象。两个"一声"表现出了声音的多变和柔美。如果再加上"一声强，一声弱"，或许声调变化会更大；再如果"有长有短"，就会更加美妙。

我没有见过麦哨，没有听过那声音，但我吹过口哨。口哨声的强弱（高低）是与气流的大小（气流的快慢）有关，我想麦哨应该也是这样的。"忽高忽低"中的两个"忽"字，写出了声音的变化很快。而课文的最后两句话说明了哨声十分美妙，有轻重缓急，有抑扬顿挫。于是，对第一段课文，我做出了音高标志的折线图。忽然想起《乡下人家》第6段也有声音的描写。这种写法很值得学习。而课文结尾的"……"，说明了声音还在此起彼落，令人回味。

课文为什么要两次写麦哨声？我又读了几遍课文，似乎有点明白了：第一次是在写孩子们在吹麦哨，这声音把我们引入到课文中。在我们沉浸到文中，就由衷地发出赞叹，第二次描写就是这个意思吧！

于是，我明白了文章的意思，懂得了这种文章的构思方法，真是一举两得。忽然，我明白了读课文，一定要深入理解才好。就像孔子说过的："知行合一，学以致用。"于是，我罗列了一下读懂一篇文章的步骤：普通的阅读（读1遍是生疏的）→有发现的阅读（读2遍渐及）→带思考的阅读（3遍渐良）→学习的阅读（读4遍渐优）→深层的阅读（读5遍优秀）→带感情的阅读（读6遍成熟1）→熟悉内容的阅读（读7遍成熟2）→掌握形式的阅读（读8遍成熟3）→探讨价值的阅读（读9遍成熟4）→有领悟的阅读（读10遍成熟5）→精神享受的阅读（最高境界）！这个过程是艰苦的，但也是快乐的。我下定决心，以后学一篇课文一定要学到最高的精神享受层面，这才叫做把书读厚了！

不管哪个项目，不管哪个学生，每次展示都有故事。展示之前有准备的故事，展示之中有体验的故事，展示之后有影响的故事。有很多同学把这些故事写了下来，与大家分享，于是又会产生新的故事……学习生活就是如此美好，如此丰富，如此有意思。

下面三个故事,都与《半截蜡烛》第一课时有关,《〈半截蜡烛〉大排演》的作者是一位组长,叙述了他带领全组同学排演读课文的经历;《读课文升级版》是一个组员在参与排演读课文过程中的独特感受;《大开眼界的语文课》则是一个"局外人"——全程参与观察学习的学生,对他人预习成果的理解与欣赏。三个同学从不同的角度表述了自己的经历和感受,他们各有各的体验,各有各的收获,各有各的成长。

领导力在成熟团队中彰显魅力。

个案故事:《半截蜡烛》大排演

今天语文课上,王老师说,明天上午第三节课要进行第12课《半截蜡烛》的预习成果展示。根据安排,我们组是读课文的。这篇课文是一个剧本,如果还是像以往那样读一读,实在太没意思了。我想把它用对话的形式表演出来,让朗读课文呈现"立体效果"。我马上召集同学们商议,并分配好角色:高同学当杰奎琳,我、胡同学和宋同学是三个德国军官,蔡同学演杰克,孙同学当伯诺德夫人。

为了让我们的演出完美地与大家分享,我们在大课间专门对胡同学和高同学的台词进行了排练,直到能脱稿说出来为止。之后,我特别提醒做中尉的胡同学一定要气场足一点,"凶"一点;做杰奎琳的高同学一定要调皮可爱一点。演杰克的蔡同学,在大家的"魔鬼训练"下,硬生生地记住了全部的台词,我也不忘告诉他:一定要显出自信之气!今天的宋同学倒是特别顺利,上校的台词过目不忘,背得滚瓜烂熟。我呢,也边记台词,边把德国鬼子的凶狠、粗暴尽量表演出来,彻底脱掉了曾有的一点"猥琐"之气。

中午,我忽然想到孙同学是演伯诺德夫人的,她是主角!要说十多句台词,虽然我觉得她可能会不太说得好,但我还是咬咬牙让她历练一番。我到她座位上督促她说了几句,她有点不耐烦了,我只好跟她说:"实在不行,你抄张纸条,明天好'背''看'一下。"没想到她却说:"放心吧,我会背的!"真让我刮目相看啊!希望孙同学明天有出色的表现。

虽然都布置好了,但我们还没有串起来排演过呢!明天上午大课间、下课时间一定要好好练练。当然,我自己要带好头,读好旁白!

明天的表演有可能会不顺利,可能会出丑,但至少是一个创新之举。加油吧,第六小组!希望我们全力以赴,为同学们展现一片崭新的"视听天地"!

【注】《半截蜡烛》这篇课文以剧本的形式呈现了在第二次世界大战期间,参与秘密情报传递工作的伯诺德夫人母子三人与突然闯入的三个德国军官斗智斗勇,巧妙周旋,最终保全了情报的剧情。

领导力在成熟团队中彰显魅力。领导力是一个个体带领团队成员实现团队目标的能力,它的本质就是影响力。"我"作为第六小组的一组之长,体现出影响力足够"霸气"。

为了一改以前读课文的老套,决定"把它用对话的形式表演出来,让全文呈现'立体效果'",体现出决断力足够果敢。

为了让朗读课文呈现"立体效果","马上召集同学们商议,并分配好角色:高同学当杰奎琳,胡同学、我和宋同学是三个德国军官,蔡同学演杰克,孙同学当伯诺德夫人。"体现出号召力足够强大。

为了在表演时能完美地与大家分享,"我们在大课间专门对胡同学和高同学的台词进行了排练,直到脱稿能说出来为止。之后,我特别提醒做中尉的胡同学一定要气场足一点,'凶'一点;做杰奎琳的高同学一定要调皮可爱一点。演杰克的蔡同学,在大家的'魔鬼训练'下,硬生生地记住了全部的台词,我也不忘告诉他:一定要显出自信之气!"体现出掌控力足够稳固。

为了让队员孙同学得到历练,"我"虽有点不太放心,但还是大胆地让她出演主角——伯诺德夫人。"我"到她座位上督促她说了几句,她有点不耐烦了,"我"只好跟她说:"实在不行,你抄张纸条,明天好'背''看'一下。"体现出包容性足够宽宏。

为了明天给同学们展现一片崭新的"视听天地",还要带领全组同学充分利用"明天上午大课间、下课时间"好好练练。"当然,我自己要带好头,读好旁白!"体现出执行力足够严格。

美国前国务卿基辛格博士说过:"领导就是要让他的人们,从他们现在的地方,带领他们去还没有去过的地方。"文中的"我"就是要把他带领的第六小组去一个"新"的语文学习天地!

合作是对信任的承诺。

个案故事:读课文升级版

今天的语文课进行了第12课《半截蜡烛》的预习成果展示,

在我们组的努力下,"读课文"这个项目升级成了演舞台剧。

就在昨天上午,组长大人提议我们演舞台剧。组长大人让我演伯诺德夫人,我很不乐意:一是台词太多;二是我想演萌萌哒的杰奎琳!我有点生气,我看起来很老吗?我不够萌萌哒吗?组长大人再三劝说,我只好答应了。

我答应了,组长当然很满意,就开始逼我背台词了。我记性不太好,前一天晚上背熟的内容,睡觉醒来,就什么都不记得了。所以有时候背东西,我都是在上学路上爸爸的车里背的。我觉得早上背,会记得牢一点。眼下组长大人让我背,可周围这么吵,我根本背不好。于是我求组长大人不要盯着我了,放我回家去背,他这才答应了。

今天早上,我起得比平时早,背了一点,然后在爸爸的车里又背了一点,到学校时已经完全会背了。组长大人来问我时,我骗他说,我没背过,把他搞得又急又气。早自修,我又背了几遍,就怕忘记了。

大课间时,组长大人来抽背了,我完整又快速、流畅地背了出来。组长大人很吃惊,一脸惊喜,很是高兴。他兴奋地给我介绍他做的蜡烛和油灯,教我等会儿要怎么使用。忽然我想到了什么,对组长大人幽幽地说了一句:"我等会儿可能会一紧张就忘词!"我告诉他,是让他做好心理准备,我的舞台恐惧症是很严重的。组长大人比刚才更"惊喜"了,但没说什么。我想他心里不会在祈祷我等会儿不要忘词吧!

我的预言很准,表演的时候,我真的紧张得忘词了,呜呜……高同学就让我看着书读了。最后演出还算顺利,组长大人也没跟我计较什么。呼……逃过一劫!

下次我们还要演《晏子使楚》,希望能演得比这次好。我可是有演员梦的,要多加学习和练习!加油!

合作是对信任的承诺。本来读课文就读课文,可组长偏偏要来个演出,并且让"我"出演年龄最大的伯诺德夫人,这可让"我很不乐意:一是台词太多;二是我想演萌萌哒的杰奎琳!我有点生气,我看起来很老吗?我不够萌萌哒吗?组长大人再三劝说,我只好答应了。"由此可见,"我"是被动合作的。

既然答应了,那"我"就得兑现承诺,"我"知道自己该怎么做。首先"我"知道自己的记忆特点——在安静的环境下才容易记住。"组长大人让我背,可周围这么吵,我根本背不好。于是求组长大人不要盯着我了,放我回家去背。"其次,"我"清楚自己的记忆风格——"我记性不太好,前一天晚上背熟的内容,睡觉醒来,就什么都不记得了。""所以有时候背东西,我都是在上学路上爸爸的车里背的。我觉得早上背,会记得牢一点。"

在完成任务的过程中,"我"做得尽心尽力。

1. "今天早上,我起得比平时早,背了一点,然后在爸爸的车里又背了一点,到学校时已经完全会背了。"

2. "我"还是怕忘记了,"早自修,我又背了几遍。"

3. "大课间时,组长大人来抽背了,我完整又快速、流畅地背了出来。"

4. "我"还是不太放心自己,"忽然我想到了什么,对组长大人幽幽地说了一句:'我等会儿可能会一紧张就忘词!'我告诉他,是让他做好心理准备,我的舞台恐惧症是很严重的。"

5. "表演的时候,我真的紧张得忘词了,呜呜……高同学就让我看着书读了。最后演出还是顺利,组长大人也没跟我计较什么。呼……逃过一劫!"——"我"觉得任务完成得不够好,组长大人没有跟"我"计较，好幸运，好轻松。

文章结尾，"我可是有演员梦的，要多加学习和练习！"道出了这次演课文剧本正是"我"内心十分向往的，因此开始时"被动合作"也可以说是愿意合作，只是需要突破自己的舒适区。

欣赏他人，成就自己。

个案故事：大开眼界的语文课

今天的预习成果展示让我大开眼界。

读课文组的展示可谓别出心裁。因为第12课课文是一个剧本，他们组就把读课文变成了演课本剧。出演德国军官的同学个个霸气十足，恶狠狠，大嗓子，假戏快演真了！我还发现他们给蜡烛做了一个开关，将"火焰"一按，就代表灭了；一抬，"火"又着了，太厉害了！仔细看那纸做的蜡烛与油灯，虽然没有颜色，但外形挺像的。我就想，这样的演出，背后要付出多少心血啊！最后，掌声连连。

字词组的展示内容很全面。虽然课文没有生字，但他们呈现的内容仍很丰富：有新词，新词解释，多音字，词语辨析，积少成多，举一反三练习等等，他们应该得到掌声。

句子欣赏组的展示见解独到。他们组每一个同学都上了台，每一个人拿出了自己对最喜欢句子的欣赏，在我听来他们都有自己的理解。不同的句子有相似的理解，相同的句子又有不同的理解，无论是精细的，还是粗糙的，他们都是最好自己的体现。

导读展示组按常规来。课文的写作背景、作者、主要内容、主题思想、课文结构、写作特色等等，每一张PPT都有他们付出的汗水，即使有一点小小的不足，我们也应该感谢他们的用心！

今天的语文课给我留下了美好的记忆。

欣赏他人，成就自己。12课《半截蜡烛》有四个小组按顺序展示预习成果，"我"是个观众，一直在细心观察，专心学习，用心欣赏。

在朗读小组的展示中，"我"发现"他们把读课文变成了演课本剧，而且出演德国军官的同学个个霸气十足，恶狠狠，大嗓子，假戏快演真了！""我还发现他们给蜡烛做了一个开关，将'火焰'一按，就代表灭了；一抬，'火'又着了，太厉害了！"这两大发现，真让"我"惊喜连连，掌声连连。

"字词组的展示，内容很全面。虽然课文没有生字，但他们呈现的内容仍很丰富：有新词，新词解释，多音字，词语辨析，积少成多，举一反三练习等等。"他们带来的拓展性内容，给了"我"很多知识，他们应该得到掌声。

"句子欣赏组的展示见解独到。他们组每一个同学都上了台，每一个人拿出了自己对最喜欢句子的欣赏，在我听来他们都有自己的理解。不同的句子有相似的理解，相同的句子又有不同的理解，无论是精细的，还是粗糙的，他们都是最好自己的体现。"人人参与，个个独特，让"我"感受到他们中的每个人都是最好的自己。

"导读展示组按常规来。课文的写作背景，作者，主要内容，主题思想，课文结构，写作特色等等，每一张PPT都有他们付出的汗水，即使有一点小小的不足，我们也应该感谢他们的用心！"同学们制作的一张张PPT，不仅让"我"明白了相关的知识，更让"我"体会到了他们的"用心"。

欣赏他人是一种美德，欣赏时送出的赞美和掌声，对他人是莫大的鼓励，能激发他人的潜能，成就他人的人生。欣赏他人也是一种能力，它让"我"感受到周围同学的美好，让"我"学到了他人的长处。欣赏他人，成就自己。因此，"今天的语文课给我留下了美好的记忆。"

强化物是塑造行为的最有效的工具。

个案故事：赶读《景阳冈》

"今天要预习成果展示第21课《景阳冈》，我们组是读课文的，怎么办啊？"我早上一起床就开始"发疯"。爸爸闻声赶来说："这么早发什么疯呢？"我说："今天我们组要展示读课文，我还没准备好！"我看了看时间：6:35，还早，我就开始读了起来。

读了15分钟，我觉得差不多了，就高高兴兴地出门上学了。

上午第二节语文课开始了，第一个出场的就是我们组。组长招呼我们，说了声"上去"，我们全组7个人便齐刷刷地站到了讲台前面。

"21《景阳冈》……"

按照事先安排好的顺序，先是孙同学开场，接着是高同学。哎呀，马上要我读了，我的心变得有点紧张不安起来，不过我告诉自己：要冷静，正常发挥。"武松提了哨棒，大踏步走上景阳冈来……哪儿有什么大虫！是人自己害怕了，不敢上山。"很顺利地读完了，感觉不错，发挥正常。这可是我早上赶读的功劳啊！

过了两段，轮到李同学读了，不知怎么搞的，组长把一段不太长的话留给他，可读得很不顺，还把该读作"折（shé）"的多音字读成了折（zhé），可能他也像我一样忘记了练习。唉！结果在同学们评价时被扣了1分。

多亏胡同学和组长大人读得有气势，各得到了额外的1分奖励，最终我们小组得到了11分（满分是10分）。

这次展示让我真真切切体会到：一个小组是一个集体，集体中的每一个人都会影响整个组。你表现好你们整个组都有好处；但你拖后腿，整个组就都会跟着受牵连。只有全组同学齐心协力，组里的每个同学才都会皆大欢喜。

强化物是塑造行为的最有效的工具。强化物就是那些能够提高特定反应的可能性，或使特定反应的概率增加的事物或事件。

本文中的特定反应就是正确流利有感情地朗读课文，强化物是读课文后评价时的分数，如：李同学被扣的1分；胡同学和组长大人读得有气势，各得到额外的1分（共2分）；还有最终得到的11分和满分10分。

特定反应（正确流利有感情地朗读课文）与强化物（分数）之间的关系是由课堂游戏规则规定的：1. 全班同学做裁判，最后得分由裁判决定；2. 读得特别有感情的，1人加1分；3. 读得不正确不流利的，1人扣1分；4. 不参与1人，扣1分；5. 每个同学都正常发挥，小组得到满分10分。

"'我'没有扣分，因为'很顺利地读完了，感觉不错，发挥正常。这可是我早上赶读的功劳啊'；'胡同学和组长大人读得有气势，各得到了额外的1分奖励'；'轮到李同学读了，不知怎么搞的，组长把一段不太长的话留给他，可读得很不顺，还把该读作''折（shé）''的多音字读成了折（zhé），可能他也像我一样忘记了练习。唉！结果在同学们评价时被扣了1分。"这是从个人层面的加分或扣分，强化的是个体行为。但这些分数是计入团队层面的，所以也是团队的强化物，它们对团队产生的影响远远超过了对个体的影响。"我"没有扣分也没有加分，还过得去；胡同学和组长大人各加了1分，为小组争了光；李同学扣了1分，给小组拖了后腿，给自己和团队增加了一定的压力。

因此，文章结尾写出了个人与整个团队的关系："这次展示让我真真切切体会到：一个小组是一个集体，集体中的每一个人都会影响整个组。你表现好，你们整个组都有好处；但你拖后腿，整个组就都会跟着受牵连。只有全组同学齐心协力，组里的每个同学才都会皆大欢喜。"

强化物的种类很多，可以是实物的，也可以是行为的，更可以是代币的，还可以是语言的……强化物作为一种教学工具，其功能是塑造行为，即让学生增加某个良好的学习行为或削减某个不良的学习行为，也适用于增加整个团队的良好学习行为，或削弱整个团队的不良学习行为。以读课文为例，其使用的规律见下表：

作用	过程	
加强	给予（+）一个喜欢的（+）	不给予（-）一个不喜欢的（-）
	如：读得很行，给予加分	如：读得还行，不给予扣分
	++得+，加强了行为。	——得+，加强了行为。
削弱	给予（+）一个不喜欢（-）	不给予（-）一个喜欢的（+）
	如：读得很不行，给予扣分	如：读得还行，不给予加分
	+—得负，削弱了行为。	—+得—，削弱了行为。

【注】给予和喜欢的，表示正向，用+表示；不给予和不喜欢

的，表示负向，用—表示。"得正"表示增加强化的行为；"得负"表示削弱负强化的行为。左边"读得还行，不给予扣分"和"读得还行，不给予加分"同样是"读得还行"，两种情况最终得到的分数是一样的，但一个可能是付出了努力的，一个可能是比较随便的，所以最后评价一个是"不给予扣分"，一个是"不给予加分"。

学习热情磨砺学习意志。

个案故事1：提前读课文

今天很轻松，7点就做完了作业，我就想把25课的朗读先练习起来，因为组长已布置给我们："25课预习成果展示轮到我们组读课文，大家可以早点准备起来了哦。"于是，我很快拿起语文课本读起了第25课《自己的花是让别人看的》。

根据安排，我和焦同学一起读第三段，外加两句作者季羡林说的话，看似不难，可是里面有好几个新词，要想读流利还是需要多读几遍的。嗨，别多想了，还是赶紧读吧。

"正是这样，也确实不错。走过任何一条街……"停停停停——我心里给自己打了一百个大叉叉：你这么没感情，读给谁听呢？简直就是小和尚念经——有口无心。打起点精神来，有感情，读出作者当时欣喜、赞叹的心情！我默默地给自己定了一个目标。

"走过任何一条街，抬头向上看，家家户户……"停——又怎么啦？不是挺有感情的吗？为什么？因为我板着一张脸，有这样看花的吗？这不是用心欣赏花的表情，这是心里有事，径直赶路，从花丛边路过的表情。不行，我提醒自己：微笑！

我带着微笑，带着感情，一字一句，读着读着，越来越有模有样了。我拉了一旁正在看着我读课文的爸爸当陪练，提意见，终于读得差不多了。嘿嘿！

"书读百遍，其义自见"，读课文组的同学提前熟读课文，其实是提前理解了课文，提前来到了课文中的世界！

个案故事2：纠结

听说杨同学已经开始读课文了，我这个当组长的感动得无以言表，深感欣慰啊……只是，我还有一件事感到十分纠结，问了许多人，还是定不下来，那就是我们在读《自己的花是让别人看的》时的背景音乐。

首先，我锁定了一首《天空之城》，这个曲子在我们班作为背景音乐算是"老手"了。我又搜了一首《卡农》，这首曲子我弹过，觉得挺好听的。这下，就引发了一个问题：选哪一首？

我自己先和着课文读了几遍，总觉得还是《卡农》合适。用《天空之城》太过于伤感，《自己的花是让别人看的》好像是自己的花被人抢走了一样。可我还是不放心，便在钟同学建的"八卦天下"群里请教了一堆六年级的学长学姐，他们都说选《天空之城》。这下，我真的是左右为难了，咋办？

于是，我请教了"万年组长"尉××，他一开始说用《天空之城》比较好，后来我说是配《自己的花是让别人看的》，之后，他发语音消息说："哦，那还是用《卡农》比较好。"哈哈哈哈，终于有人支持我了，可我还是很为难，到底用哪个比较好？

纠结中……王老师，你觉得呢？

学习热情磨砺学习意志。学习热情是个体对学习所表现出来的热烈、积极、主动、兴奋的情感或态度。学习意志是指个体为完成学习任务而持续克服困难的能力，表现在有明确的目标，并能用行动坚持实现目标，即使有困难也要想办法去克服等。反之，意志薄弱的人表现为没有目标，懒惰（不行动），放弃（不能坚持），遇到困难就退缩等等。

《提前读课文》的作者"我"在练习朗读课文时，以学习热情磨砺学习意志，整个过程清晰可见。读课文是学习课文的第一步，要正确、流利、有感情地朗读好一篇课文确实是一件不容易的事。文中的"我"积极响应组长提出的建议，积极执行组长布置的任务，可以用"对学习充满热情"来概括。正是这种学习热情驱使"我"为出色完成任务而克服从中遇到的困难。

虽然"我"的任务不重，"根据安排，我和焦同学一起读第三段，外加两句作者季羡林说的话"，但读课文哪有只读自己任务中的几句话的？只是这几句话必须读得特别有模有样。何况"看似不难，可是里面有好几个新词，要想读流利还是需要多读几遍的"。此时，"我"用多读几遍的方法把这段话给读非常流利。

"你这么没感情，读给谁听呢？简直就是小和尚念经——有口无心。"自己不满意这样的朗读效果，怎么办？那就给自己定目标——打起点精神来，有感情，读出作者当时欣喜、赞叹的心情！有了具体的目标，行动的方向就明确了，"有感情朗读"这个要求就能达到。

但"我"并没有就此止步，而向更高的目标前进：微笑！让自己有表情地朗读。"因为我板着一张脸，有这样看花的吗？这不是用心欣赏花的表情，这是心里有事，径直赶路，从花丛边路过的表情。"这可不行，"我"的朗读要展示给全班同学看的，当然要把自己最好的一面呈现出来。于是"我带着微笑，带着感情，一字一句，读着读着，越来越有模有样了"。

自己认可了，"我"更需要得到别人的认可，于是"我拉了一旁正在看着我读课文的爸爸当陪练，提意见，终于读得差不多了"。

"嘿嘿！"会心的微笑表达"我"对已有成果的满意，也使"我"体会到了"书读百遍，其义自见"的意义。"我"觉得今天的练习非常值得，因为"读课文组的同学提前熟读课文，其实是提前理解了课文，提前来到了课文中的世界"！

情绪具有感染性，热情也不例外。这不，《纠结》的作者，身为一组之长也操心了起来：朗读课文的背景音乐用哪个合适，《天空之城》？还是《卡农》？在同学群中请教学长学姐，又请教"万年组长"尉××，越请教越纠结。请教王老师，老师告诉她：你心里是有答案的，要相信自己。

仁爱照亮学习的道路。

个案故事：自己的PPT是让别人看的

中午，我轻车熟路地点开我们小组的文件夹，串联大家放在里面的PPT。我先做了一个封面——"25课《自己的花是让别人看的》"，用课文中的插图做背景，再在右下角注明"第六小组"。

接着第2—5张是我制作的"生字注意音形义"，把七个生字的读音、字形结构和意思用自定义动画的形式一个一个地放映出来。

第6、7两张是高同学制作的"课堂作业我先行"和"重要的词语读三遍"。其中"课堂作业我先行"是《课堂作业本》中的与生字有关的练习，有给生字标音，有根据读音写出生字，还有"莞"这个多音字的读音填写。"重要词语读三遍"当然是本课的新词啦。

第8—10张是王同学的"一语道破"，他把课文中的重要词语的意思清清楚楚地解释了出来。

第11—13张是俞同学的"积少成多"，里面有"读一读，记一记"的句子，如："自己的花是让别人看的。""人人为我，我为人人。""赠人玫瑰，手有余香。""予人方便，自己方便。"等。

第14、15是谢同学的两张"举一反三"，有两项词语练习：近义词选词填空和改正成语中的错别字。

最后做了一张封底："谢谢欣赏！"

这样很顺利地串好了，点击"放映"，一张又一张，效果不错啊！正在我得意时发现了有一张"举一反三"的不对啊！鼠标一点，题目和答案全都出来了；重新点击，还是一齐放映了出来。我一脸阴云，赶紧向组长大人讨教。

组长大人告诉我："这是题目和答案在同一个文本框的缘故。要想先后出现，须再做一个文本框。"

"知道了！"

我做了一个文本框，把答案剪切下来，粘贴到新做文本框里面，再把字体调好，移到应在的位置——大功告成了！我的脸上洒满了阳光。

午休结束了，我们的PPT完成了。

自己的花是让别人看的，自己的PPT也是让别人看的。反过来，别人的花是让我看的，别人的PPT也是让我看的。"我为人人，人人为我。"多么美好！

仁爱照亮学习的道路。仁爱是个体与别人交往时的积极表现，有两种途径可以展示出仁爱：其一是慷慨；其二是爱与被爱。文中的"我"利用午休时间串联小组成员放在文件夹里的PPT，这是在慷慨自己的时间。"轻车熟路"的"我"串联PPT可谓是小菜一碟，也是在慷慨自己的一技之长。串联时，"我"仔细审阅了每个成员提供的PPT，应该是"我们"在一起慷慨自己的学习成果吧！虽然"我"有一技之长，但也会遇到棘手的问题——鼠标一点，题目和答案全都出来了，多亏了组长的慷慨相助，最后"大功告成了"，此时，"我的脸上洒满了阳光"，这阳光便叫仁爱！

阳光洒满了"我"的脸，也洒满了参与学习过程的每一位同学的脸。季羡林大师笔下的《自己的花是让别人看的》，那别人的花也是让自己看的呀！同样道理，"我"做的PPT是让别人看的，但别人做的PPT不就是让我看的吗？学习的道路上，有我，有你，多么美好！"我为人人，人人为我。"学习课文与实践活动融为一体，把人与人之间的仁爱诠释得如此具体，明白！

自信心可以从多途径获得。

个案故事：预习成果展示之好句欣赏

唉~~今天25课预习成果展示，我们组又展示好句欣赏，每次得知要展示好句欣赏，我都是这个心情。当然不是因为我不想和大家分享，而是我觉得自己写得不好，有时还挺猥琐的，不敢分享给大家。说白了就是我不够自信，没有勇气上去读。

唉~~我不知道自己的胆子为什么这么小，很想赶走这个胆小病。我发现了自己胆小的其中一个原因就是不自信。我决定对症下药：每次读课文，就当自己是在讲台上读给全班同学听，练习了几次，效果还不错，所以最近胆子好像大了一些。

今天的我即使不想读也没有不上去的理由了，因为胆小病有点减轻，我站在讲台前并没有像以前那么紧张。轮到我读时，我快速地读了起来：

我欣赏的句子是："我曾经问过我的女房东：'你这样养花是给别人看的吧！'她莞尔一笑说：'正是这样。'"

我是这样理解的：德国人爱花，但他们为什么不把花养在室内呢？我想，因为他们想让走在街上的每一个人都看见，让自己心情愉快。而在这句话中，当我问女房东："你这样养花是给别人看的吧！"她莞尔一笑说："正是这样。""莞尔一笑"这个词写出了女房东的神态，她美好的笑容告诉作者：自己养的花就是给别人看的——正是这样。而得到这个答复后，作者的语言和心理并没有在文中表达出来，但我想他一定非常惊讶。自己本是开玩笑地问，却被这个答案震惊了。德国人爱花，爱得大方、爱得朴素、爱得让人惊讶！德国人爱花不仅仅因为花美，更是为了让别人看，为人们营造一个在花中走动、游玩的欢乐气氛，可真谓"人人为我，我为人人"。

终于读完了，读得还算流利吧？"木有"掌声！我的心情可以说是十分失落的。我后面的尉同学很快接着读他的内容。

全组人都读完了，大家回到了座位上，我正收拾失落的心情，却听见陈××在评价尉同学，他建议尉同学以后不要这么快接上刚读完的同学，让他们有机会给前面的我送掌声。哇！真是个惊喜啊！我高兴坏了，差点就蹦起来了！

我转过身去假装生气地对尉同学说："都怪你，接这么快！"

他连忙解释:"我不知道啊!对不起啊!"我背着他偷笑,哈哈哈,看在本宝宝心情好的份上,就先原谅你吧!

付出就会有收获,我要把句子理解得更透彻,更全面,读得大声又流畅,收获更多的掌声。

加油,SHe!

自信心可以从多途径获得。自信心是一种反映个体对自己是否有能力成功地完成某项活动的信任程度的心理特性,是一种积极有效地表达自我价值、自我尊重、自我理解的意识特征和心理状态。自信心会影响个体在智力、体力、处世能力(如学习,竞赛,成就,交往)等多方面的心理和行为,它对个体的发展具有基石性的作用。自信的对立面是自卑,文中的"我"描述了自己如何克服自卑,增强自信的一次经历,可以看到四条有效途径:

1. 想象练习。"每次读课文,就当自己是在讲台上读给全班同学听,练习了几次,效果还不错,所以最近胆子好像大了一些。"

2. 实际行动。"今天的我即使不想读也没有不上去的理由了,因为胆小病有点减轻,我站在讲台前并没有像以前那么紧张。轮到我读了,我快速地读了起来。"不管结果怎么样,我"终于读完了,读得还算流利吧?"

3. 鼓励强化。"全组人都读完了,大家回到了座位上,我正收拾失落的心情,却听见陈××在评价尉同学,他建议尉同学以后不要这么快接上刚读完的同学,让他们有机会给前面的我送掌声。""哇!真是个惊喜啊!我高兴坏了,差点就蹦起来了!"虽然这个鼓励来得迟了一点,但惊喜更多,强化的力度更大。

4. 成功体验。成功的经历让"我"的自尊需要得到了充分的满足,让"我"体会到了"我很行!"。有这样的经验,以后,

"我"一定会更行的!"我要把句子理解得更透彻,更全面,读得大声又流畅,收获更多的掌声。"正在增强的自信,催人奋进:"加油,SHe!"

每一次预习成果展示都给走上讲台的同学提供了自信心练习的机会,随着练习次数增多,同学们的自信心不断增强。慢慢地,大家学会了自信,拥有了自信,多么美好!

展示的,是最好的自己。

个案故事:主持第四课朗读

老师宣布完本学期学习计划后,组长布置第四课《索溪峪的"野"》的朗读由我负责时,我就开始安排了。

分配任务

第一天,我标自然段,共 5 段,真简单——头尾齐读,中间两人一段。第二天,我发现两个人的声音配不好,就思考换一种形式,我把两人一起读换成了每人读一段,这样不会太乱。第三天,我又换成了两人一起读,这样声音大一点,头尾还是齐读!途中,我和组员们说了 N 多次。他们都说:"你太唠叨了,耳朵起茧了!"

制作 PPT

中秋节放假第一天,我花了半个小时制作 PPT,结果第二天打开时,2003 版变成了 2016 版了,原来老爸更新版本了,哎呀,那可咋办呀?学校里版本低打不开,组员们都会责怪的呀。妈妈说:

"没办法了，责怪就责怪吧。"唉，真是无语，我的老爸呀，更新了版本也不跟我说一声！可展示那天，我走进教室，哇！天助我也，教室里的电脑换了！也是 2016 版了！我差点跳了起来，真是好运气！

要展示了

早上，妈妈帮我挑衣服，嗯，颜色要亮一些，效果会好一些，挑来挑去，没啥可挑的。

"你把梅红的外套穿上就行了。"

"嗯——可有体育课呀，热，不穿了！"

上课了，我怀着10%的紧张，走上了讲台，还好，电脑没事，要看我有没有事了！先展示索溪峪景区的图片：一线天、百丈峡、十里画廊、西海峰林……放映十分顺利，我也没有了紧张之感。

我们全组同学已齐刷刷地站在讲台前面了，开头一段齐读："走进张家界的索溪峪，脑子里只剩下了一个字：野。"读得不错，看来"野"的气势已经形成了。第二段是高同学和徐同学读，挺协调的。第三段轮到我和韩同学读，我把"猛子"的"子"漏读了，大事不妙啊！更不妙的是韩同学一直没跟上来，直到读完为止。全部读完了，我忐忑地走下讲台。

参与评价的朱同学问："韩同学咋回事？"韩同学小声回答："谢××说在'难以言状'后面开始读。"啊？我说得不够清楚吗？唉，无语，看来是我的错！

结 果

王老师给我们组加了 10 分，理由是：从 PPT 的展示到整组同学的朗读表现,同学们都非常尽力,整体做到了最好。虽然有小缺点,但瑕不掩瑜,尽力了就是最好的。

今天的展示,我有很多感受:1. 方案太多,变来变去,会把人搞混;2. 准备一定要充分,如果事先能排练一下,就不会出状况了;3. 人生路上会有很多未知等着你,尽力了就是最好的!祝愿我们 X 战队,做最好的自己!

学生们展示的,都是最好的自己。这篇文章记叙了小作者"我"主持朗读五上第四课《索溪峪的"野"》的全过程。一路上,"我"很努力,也在探索,总想做最好的自己。

"分配任务"时,"我"一心想让同学们用最好的方式朗读,以至于一天一个主意:"第一天,我标自然段,共 5 段,真简单——头尾齐读,中间两人一段。第二天,我发现两个人声音配不好,就思考换一种形式,我把两人一起读换成了每人读一段,这样不会太乱。第三天,我又换成了两人一起读,这样声音大一点,头尾还是齐读!途中,我和组员们说了 N 多次。"

"我"把制作 PPT 作为头等大事来做,中秋节放假第一天就完成了。但爸爸没有告诉"我"一声,就更新了版本,害得"我"经受了一次从"真是无语"到"天助我也"的大逆转。"真是无语"是因为老爸打破了"我"的计划,"我"主持的朗读如果没有 PPT 的辅助,将会逊色很多;"天助我也"是因为学校的电脑也更新版本了,"我"可以把"我"制作的 PPT 展示出来,与同学们分享。

果然,PPT 与课文内容很匹配:"先展示索溪峪景区的图片:一线天、百丈峡、十里画廊、西海峰林……放映十分顺利。"用 PPT 热身,"我也没有了紧张之感。""我"的 PPT 发挥了它应有的作用。

值得一提的是要展示那天,"我"为穿什么衣服纠结了好一阵子,"颜色要亮一些,效果会好一些",穿梅红的外套吧,又有体育课,谁不想把最美的自己呈现在全班同学面前呢?

"第三段轮到我和韩同学读,我把'猛子'的'子'漏读了,感觉大事不妙啊!""更不妙的是韩同学一直没跟上来,直到读完为止。"真让我忐忑不安啊!事后,在同学评价中才知道,原来是自己在给韩同学的信息传递过程中出了"状况"。

结果,"王老师给我们组加了 10 分。""理由是:从 PPT 的展示到整组同学的朗读表现,同学们都非常尽力,整体做到了最好。虽然有小缺点,但尽力了就是最好的。""我"是一个追求完美的女孩,多么希望得到同学们的认可,得到老师的鼓励,完美的"10 分"是最好的回馈。从中也让"我"明白,尽力了就是最好的,我们要追求完美,但也要接受自己的不完美。

不管"我"的展示是否完美,"我"的成长才是最重要的。从"分配任务"到"制作 PPT",从课堂展示到评价结果出来,"我"在行动中,也在体验中,最后领悟的三点感受是"我"成长的标志:1. 方案太多,变来变去,会把人搞混的;2. 准备一定要充分,如果事先能排练一下,就不会出状况了;3. 人生路上会有很多未知等着你,尽力了就是最好的!

谨慎,个体稳定健康地发展。

个案故事: PPT 的幕后故事

我等了"半个世纪",总算等到了这一刻。

今天我走上讲台，从容讲解，大家不一定知道幕后的故事吧。揭开幕布，请跟我走进幕后，去探访一下整个过程吧。

（一）接受任务

故事还得从开学那天说起。开学第一天，老师就把这学期所有课文的预习成果展示安排告诉了我们。于是，作为一组之长的我就让全组同学围坐在一起，大家商量着，领走各自的任务。我挑了第11课《唯一的听众》的字词展示。第11课嘛，不是太前，可以先学习学习别的组；也不是太后，我也想早点露一手嘛，嗨！

（二）初下一稿

9月底，我们已学完了两个单元了，马上要进入第三单元的学习了，离我的第11课展出也不远了。国庆节那天，我开始了PPT的制作。先选好模板，算了一下，大约要用11张PPT。然后对每张PPT进行填充：生字音形义、生字扩词、多音字、近反义词、词语辨析、一语道破、积少成多、举一反三、再加封面和封底，我一股脑儿地先填进去，不管好不好，先做完再说。第一稿可谓是乱七八糟，字体不美观，内容粗糙，啥都不怎么样。

（三）修改二三稿

国庆节的最后一天，我对第一稿做了修改。首先是对生字的提醒，把原来的"不"字句全都改成了肯定句，如"溜"读作 liū；"悠"字中间有一竖。

"一语道破"的内容太多了，就把次要的去掉，所谓"取其精华"吧。

"举一反三",一定要确保答案正确,为此,我查阅了《现代汉语词典》,对"收藏"和"珍藏"、"庄重"和"庄严"这两组近义词进行细致的辨析,把答案用自定义动画的形式随机嵌入到括号中。

多音字使用大括号太费力,直接出示读音与相应的意思。

就这样,第二稿修改完成。

后来的几天中,我又作了些许修改,完成了第三稿。

最后要准备串台词了,我按PPT出现的顺序,把要串讲的话写在一张便签上,贴在第11课的课文中,以备在忘词的时候使用。

(四)耐心等待

……

(五)终于展示

终于等到了展示的这一天,我自信地上场,自在地展示,自豪地下场。

课前,精心准备;课上,从容不迫;课后,满满自豪。

PPT的幕后故事,到此结束。

谨慎,个体才能稳定健康地发展。谨慎是个体对外界事物或自己言行的密切注意,以免发生不利或不幸的事情。文中的"我"谨慎的心理品质随处可见:

首先表现在对任务内容的选择上,作为组长的"我",与同学们商量后,"挑了第11课《唯一的听众》的字词展示。第11课嘛，不是太前，可以先学习学习别的组；也不是太后，我也想早点露一手嘛，嗨！"

其次是表现在完成任务的时间安排上，"国庆节那天，我开始了 PPT 的制作"，因为"我们已学完了两个单元了，马上要进入第三单元的学习了，离我的第 11 课展出也不远了"。

再是表现在有条理地完成初稿内容，"先选好模板，算了一下，大约要用 11 张 PPT。然后对每张 PPT 进行填充：生字音形义、生字扩词、多音字、近反义词、词语辨析、一语道破、积少成多、举一反三、再加封面和封底。"

然后修改初稿，完成第二稿时，"对生字的提醒，把原来的'不'字句全都改成了肯定句，如'溜'读作 liū；'悠'字中间有一竖"这个细节，用肯定的形式强调生字的音和形，思考缜密，要言不烦。还有，为确保"举一反三"答案正确，"为此，我查阅了《现代汉语词典》，对'收藏'和'珍藏'、'庄重'和'庄严'这两组近义词进行细致的辨析，把答案用自定义动画的形式随机嵌入括号中。"整个过程做得不厌其烦，精益求精。

最后又完成了第三稿，并精心准备串讲词，"按 PPT 出现的顺序，把要串讲的话写在一张便签上，贴在第 11 课的课文中，以备在忘词的时候使用。"

"三思而后行"，在完成第 11 课《唯一的听众》字词展示的任务过程中，"我"成就了一个谨慎行动，步步为营的"我"。

创新需要有积极的情绪状态。

个案故事：绍兴方言我能行

每次轮到我们组朗读课文，总是在背景音乐声中完成的。能不能来个创新？17课《少年闰土》朗读课文展示由我主持，有一天我读到课文第8段，忽然"日里"一词引起了我的注意，我们绍兴话不是说成"日里头"吗？再看看图中的闰土"他头戴一顶小毡帽"，"毡帽"不就是绍兴的乌毡帽吗？乍一想，鲁迅是绍兴人，哦，闰土是绍兴小农民。农民怎么会用普通话交谈呢？我试着用绍兴话读起课文来，嗯，乡土味好浓啊！我当即决定：课文中的对话用绍兴话来读。我用网上搜的一个《少年闰土》的无字视频，做成了PPT，又选了一首《绿野仙踪》的淡雅音乐做辅料，我的PPT便大功初告了！

第二天，我按计划给组员们分配任务。我们组会说绍兴话的男生太少了，于是读闰土对话的重任就落在我的肩上。徐同学是一个非常认真的男生，可惜他不会说绍兴话，不敢接受读文中"我"的对话的任务。我说别怕，有我呢！于是我反复教他文中"我"说的那两句话："管贼吗？""它不咬人吗？"教了好多遍，他终于会说了，只是听起来好像是北方人在说南方话。两人配合的时候，我觉得自己的绍兴话也不标准。我就去请教爸爸，让他把闰土说的话用绍兴话说一遍，然后我学着他说，有些方言比较难记，我立即在书上做好记录。就这样，不知练了多少遍，闰土的对话部分被我用绍兴话说得滚瓜烂熟了。

终于，今天要展示了，我既激动又紧张。激动的是，我们给大家带来了意想不到的朗读方式，一定会很惊喜吧！紧张的是我们第一次用方言读课文，如果读得不好，大家又会怎样评价我们呢？

语文课开始了，我深吸一口气，带领全组同学上台，要知道，我们已经排练了好多遍了，大家配合得挺默契的。可惜，今天电脑的音箱坏了，音乐放不了，不过没关系，我当即提醒沈同学读第一段……课文接力在顺利进行。该我读了，我再一次深呼吸，便开启了绍兴话模式，只见同学们立马议论纷纷，接着笑声不断，我越讲越投入，仿佛来到了鲁迅故居，以闰土的身份与少年鲁迅侃侃而谈……徐同学也说得挺好。

我相信热烈的掌声与同学们的好评就是对我们组最大的肯定。

这次朗读展示，我真是百感交集。是呀，一次成功，背后要有多少努力；一次创新，背后又有多少汗水！只要跨出成功与创新的第一步，我们乾坤战队必将勇往直前，挑战一个又一个奇迹，获得一次又一次成功！

创新需要有积极的情绪状态。有一天，终于对"在背景音乐声中完成"朗读课文的形式感到不够刺激了，于是想寻找一种新鲜的方式。但去哪里找呢？心有所想，身有所得，当一个人沉浸在某一件事时，眼前的事物都好像在为他提供各种线索。"我"在练习读课文时，从"日里""毡帽"中突然悟到了用绍兴话读文中人物的对话。这个决定让"我"十分兴奋，之后的准备工作做得干净利落："用网上搜的一个《少年闰土》的无字视频，做成了PPT，又选了一首《绿野仙踪》的淡雅音乐做辅料，便大功初告了！"

第二天找搭档，并练习，即使搭档不会绍兴话也要把他教会。"两人配合的时候，我觉得自己的绍兴话也不标准。我就去请教爸爸，让他把闰土说的话用绍兴话说一遍，然后我学着他说，有些方言比较难记，我立即在书上做好记录。就这样，不知练了多少遍，闰土的对话部分被我用绍兴话说得滚瓜烂熟了。"

展示前，"我既激动又紧张"，这时的"我"情绪达到了十分高涨状态，随后就转化为朗读时的全身心投入：'仿佛来到了鲁迅故居，以闰土的身份与少年鲁迅侃侃而谈……"

虽然展示已经结束，但"我"还是百感交集，最多的是自豪，为成功的表演，为自己的成长，为团队的胜利。这种积极高涨的情绪必将迎来新一次的创新！

心理阴影促使自我成长。

个案故事：《梦中的婚礼》进行时

呵呵呵，宝宝又来了，本期给大家带来的心灵鸡汤你们不一定能接受它的美味，请认真品尝！

第19课《一面》又轮到我们组读课文了，我们组由胡同学担任主持。今天乾坤战队的绍兴话版《少年闰土》让我大开眼界，可如果我们也用绍兴话就有点模仿、跟风的意思了，我得使用我的必杀技——钢琴！

自从上一次钢琴比赛弹《彩云追月》，因为紧张忘谱，导致与金奖失之交臂，我一直很伤心，好几次偷偷地哭。我总是责怪自己怎么这么笨，好端端地怎么就忘了。经过妈妈多次开导，我好不容易从忘谱的阴影里走了出来，可还是留下了后遗症——镜头恐惧，不单单是镜头，也有可能是目光、手机等一切针对我的东西。这次我想用拍摄弹钢琴的视频来疗愈一下自己的镜头恐惧症，刚好也给这次朗读课文来一点小小的创意。

经过层层筛选，我选择了《梦中的婚礼》作为这次朗读的背景音乐。这首曲子挺简单的，以前弹过，而且比较熟练，希望今天能一切顺利。我打算只拍手，不拍脸（我长得也不咋地，拍脸没啥意思）。呵呵～～

啦啦啦，先练练，我过了两遍，顺了一下，妈妈过来了，说"没有感情"，如此四字，对宝宝的内心伤害不小啊……

在妈妈的陪同下，我终于过了"感情"这一关。

要拍摄了，我把手机放在钢琴的左边，点击"拍视频"按钮，就弹了起来。弹到一半，我开始胡思乱想：我会弹错吗？弹错了怎么办？要不要再录一次，刚才开头不太好？……从天上想到地下，从飞的想到游的，从鸡鸭鱼肉想到琴棋书画……天哪！我是不是思维太活跃了？在8度的地方，我终于一失足成千古恨，弹错了！

我不会又要重复《彩云追月》的悲惨旅途吧！

接下来的两次，我都在开头弹错，我气得鼻子朝天，郁闷至极。

我提醒自己赶快静下心来，弹最后一次，脑子里什么都不想，做到心无杂念，只想着谱子这一句是什么。功夫不负有心人，这次顺畅地弹完了全曲。

这是我第一次通过自己的努力成功录制了完整的《梦中的婚礼》！

耶，我成功了！

不丧气，不放弃，专注于当下，才能成功挑战自己！

心理阴影促使自我成长。人的一生不可避免地会受到外界的伤害，大到天灾人祸，小到一句充满恶意的话。有些伤害可能会在个体心理留下阴影，产生心理问题，甚至导致心理障碍，这就需要个体激发自我疗愈的本能，重塑强大内心。

文中的"我"曾受到失败的心灵伤害——"自从上一次钢琴比赛弹《彩云追月》，因为紧张忘谱，导致与金奖失之交臂"，一直被糟糕的情绪笼罩——"一直很伤心，好几次偷偷地哭。"从而陷入自我攻击——"总是责怪自己怎么这么笨，好端端地怎么就忘了。"从此留下了一个后遗症——"镜头恐惧，不单单是镜头，也有可能是目光、手机等一切针对我的东西。"

心理的创伤与身体的伤口一样，如果不处理，就有两种可能：要么溃烂恶化；要么自愈康复。幸运的是"我"属于后者——"这次我想用拍摄弹钢琴的视频来疗愈一下自己的镜头恐惧症，刚好也给这次朗读课文来一点小小的创意。"在妈妈的陪同下，"我"练过了感情关，闯过了第一次失败关，熬过了第二、三两次错误关，终于在"弹最后一次"时，"脑子里什么都不想，做到心无杂念，只想着谱子这一句是什么""顺畅地弹完了全曲"，此时的"我"成功地战胜了"镜头恐惧"，重塑了强大的内心——"不丧气，不放弃，专注于当下，才能成功挑战自己！"

创伤来自过去，而生活基于当下，面向未来。可以说，没有创伤就没有成熟。没有处理创伤的能力，就不会真正地长大。为"我"的自我疗愈、自我成长点赞！

身后有团队，幸福感倍增。

个案故事：今天，与众不同

今天本来没有什么不一样，但上午因为有了"拍课"，才让我有那么一点点的小担心。

很快，开始拍课了。首先是高××组的读课文展示，在著名的钢琴曲《月光曲》的伴奏下，他们的朗读让我陶醉其中。之后是徐×和高××组的字词学习和句子欣赏，都让我觉得：拍课就是赞！

该我出场了，我深呼吸，拿起语文书和笔，走上了讲台，点开集我们"天的梦想"小队所有人付出努力的PPT，我再一次提醒自己：一定要沉着！

"大家好！这次《月光曲》的课文导读由我们'天的梦想'小队为大家进行课堂分享……"我按事先准备好的台词说了个开场白，下面的同学都听得十分认真。

首先分享的是四张图片，我边放边讲解："结合课文第140页第九自然段内容，我们一起来看几张图片：这是第一至第三句，月亮初升；这是第四句，月亮渐渐升高；这是第五句，突然海面上刮起了大风，卷起了巨浪；这是第六句，被月光照得雪亮的浪花一个连一个朝着岸边涌过来。"

"课文的主人公是贝多芬，让我们一起来了解一下吧。大家翻到语文书第141页，资料袋，我们一起读一遍……"

"陈××结合教科书，了解了课文内容与主题，让我们一起来看看吧。本文讲述了德国著名的音乐家贝多芬同情穷鞋匠兄妹而为他们弹琴，有感于盲姑娘对音乐的痴迷而即兴创作《月光曲》的传说故事，表现了贝多芬同情穷苦人民的善良品格，以及他丰富的想象力和卓越的音乐才华。"

"需要的同学可以在课题旁边记一记。"

大约2分钟……

"相信大家已经记得差不多了。"

然后我开始讲解最花心血的部分：结构图。我事先早已将结构图串成了一段连贯的话，现在展示只是把这段话讲述了出来：

"整篇课文结构清晰，层次分明。我们组的韩××和钟×同学一起合作理清了课文的脉络,下面就让我来为大家分享一下吧。《月光曲》可以分成两个部分。第一部分是第1自然段,简要交代了著名的钢琴曲《月光曲》是德国音乐家贝多芬谱写的。这是总起,引出了下面的传说故事。第二部分是2—10自然段,详细记述了贝多芬创作《月光曲》的整个过程。贝多芬散步时忽然听到有人在茅屋里弹他的曲子,断断续续的,他走近时看到弹琴的是一位盲姑娘,家里十分贫穷,听到盲姑娘和哥哥皮鞋匠的谈话……《月光曲》充满着激情,这篇文章不仅仅写这美妙的乐曲,也在向我们展现贝多芬美好的心灵。"

"这篇课文十分感人,相信大家读完后也一定会为之感动。接下来让我们来看看孙××同学的感悟:读了这篇课文我很感动,盲姑娘和皮鞋匠那么穷苦,他们却那么热爱音乐;贝多芬是著名的钢琴家却那么善良,非常同情这对兄妹,为他们弹奏钢琴曲。从中,我知道了,对音乐的喜爱没有高低贵贱之分,他可以触动人们美好的心灵……"

很快到了结尾,我说出了结束语:"最后,还是要诚挚地说一声谢谢大家!"

一切都挺顺利。同学们也给了我很好的评价:

"车××十分的镇定,她在展示同学们的成果前都有一个串台词,很连贯。还有结构图,让我看到了,原来结构图还可以这样做。我们以后也可以这样做,更加大方,更加流畅。"

"他们的结构图,虽然制作的时候有点麻烦,但展示的时候,却能让人一目了然。还有开头先把第九自然段这个重点用图片展示,更让我们了然于胸。"

"先讲课文是总分结构,再用结构图讲解,思路特别清晰,效果非常好。"

"图片放映,很有代入感。"

王老师也称赞我今天把自己最好的状态呈现了出来。

老师和同学们的点评让我倍感自豪,谢谢大家了!

拍课的整个过程虽然花了很多心思,但得到的幸福、快乐也很多。

我最想说的是:不论是预习成果的展示人,还是课堂问答的出场者,身后都有组员们的默默付出与大力支持。所以说,一个人本身就有光彩,一个团队,岂不是更加光彩照人了吗?

身后有团队,幸福感倍增。《月光曲》的教学是在录播教室进行的,同学们的课前准备和课堂展示都格外用心,课堂氛围也与往常不一般,正如小作者的文题:《今天,与众不同》。

首先,"我有那么一点点的小担心。"小作者能不担点心吗?毕竟拍课的事不常有,不但自己将代表小组出场,而且所表现的课堂行为将被定格。"有那么一点点的小担心"说明小作者有适度的焦虑存在,这对挑战自己,完成今天的任务是很有必要的。因为适度的焦虑能激发和调动个体能量,以应对外来的突发事件对自己构成的威胁,督促个体更好地完成自己的使命,同时还能使人全身心投入参加学习和经验积累的过程,提高认知的速度。

其次,"拍课就是赞!"小作者上场前,看到前面三个小组的展示,觉得拍课就是不一样。因此"我"也须来一个"赞",上场"一定要沉着!"

然后,"一切都挺顺利。"开场白引入,先放映几张课文重点段的图片,接着领读课文主人公贝多芬的资料,然后讲述陈××同学了解的课文内容与主题,重点讲解韩××和钟×同学一起合作理清的课文脉络和结构图,再朗读孙××同学的感悟,最后感谢同学们的分享。整个过程如行云流水，一气呵成，就是赞！在场的人不仅仅是在学习语文，更是在欣赏表演。

最后，"老师和同学们的点评让我倍感自豪"。同学们有评价"我"的主持风格：镇定，大方，流畅。有评价展示内容的：在展示同学们的成果前都有一个串台词，很连贯；结构图形式新颖。有评价学习效果的：重点段用图片解析，使人了然于胸，且图片放映很有代入感；用结构图讲解思路特别清晰，效果非常好。这些评价客观中肯，给了"我"极大的鼓励，让"我"倍感自豪。

小作者"得到的幸福、快乐也很多"，是因为背后"花了很多心思"，就其个人层面来讲，串台词的准备，对PPT的讲解，不知要经过多少次的练习。就其所在的团队层面来讲，每个成员都为这次展示贡献了他们的力量，陈××、韩××、钟×、孙××等，他们都在"默默付出与大力支持"。因此，小作者由衷感叹："一个人本身就有光彩，一个团队，岂不是更加光彩照人了吗？"

10分制给自己打分，知觉评估和量化。

个案故事：《北京的春节》课堂随笔若干

(一)

我给自己打10分。

这一次预习成果展示我们组读课文，是苏××主持的。每个人读的内容量基本均衡。背景音乐是苏××昨天准备的，一开始声音太响了，后来我去"救了场"，看来音量是个大问题。李同学读得

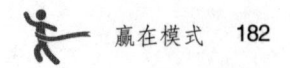

有一点不顺，我在旁边听得真是"恨铁不成钢"啊！希望他下次可以流畅地读出来。

（二）

这节课给自己打 10 分。

我们组读课文，嗯，幸亏之前我练习了五六遍，所以完美地读出了我该读的部分。嘻，给自己送朵小红花！

（三）

早上走进教室，组长马上跟我说，今天《北京的春节》预习成果展示，有我上台展示字词部分。我一听，心想：糟了，我竟然忘得一点准备都没有。我连忙放下书包，拿起语文书，走向讲台。组长和我一起打开电脑，做起了 PPT。时间很紧，快来不及了，生字音形义必须做好，扩词就各组两个词吧。"一语道破""积少成多""举一反三"只能照词语手册上的读一读了。

今天，我差点误了我们组的大事，不应该啊！给自己打 7 分。

（四）

这次展示，好句分析又轮到我组织。昨天晚上，我守在电脑前，大家都早早地把要展示的内容发给了我，只有某人姗姗来迟，不用明说也知道是谁。单同学还是拍照过来的，虽然只写了三行字，但写得还行，我就帮他附上了一张图片，这样整个页面就没有显得那么"空荡荡"了。

我给自己打 10 分。

（五）

今天读课文组来了一个开门红，背景音乐《菊次郎的夏天》，乐曲畅快欢悦，刚刚重复一遍，就完成了全文的朗读。特别是苏××节奏把控得很好，最后一句恰到好处地读得很慢，刚好合上音乐，朗读和音乐同时结束，效果非常好。我们组这次是好句分析，应该说都不错，希望单同学以后再认真一点。最后一个组课文结构用表格呈现，条理清晰，一目了然，挺好。

10分送给自己。

（六）

朗读组用《菊次郎的夏天》做背景音乐，很合适。李同学的声音稍微轻了一些，张同学读得特别好，高同学也很不错，总体来说，全组同学都做得挺好的。字词组的生字扩词，建议最好每个生字至少扩三个。整个字词展示过程有陈同学一人独唱一台戏，好像其他同学没有给他更多的支持。好句分析组俞同学赞一个，单同学分析的内容比句子短了很多……时同学发挥正常，楼、尉、王、徐四位同学都发挥出色。导读组按常规展示，很有条理，有些知识点我都记录了下来。

这节课，我给自己打10分。

（七）

今天是《北京的春节》的预习成果展示。我觉得第七小组读课文的背景音乐《菊次郎的夏天》选得非常好，很有喜庆的味道。

但第一组的字词有一处做得不怎么样,"一语道破"的解释,应选重点来讲,全部读有点费时间,精简些会更好。第三小组的好句分析质量很高。第五小组的导读不但PPT做得漂亮,而且点出了课文按时间顺序写和有详有略这两个写作特色,我都记进了书里。

我给自己打10分。

(八)

今天这节课是《北京的春节》的预习成果展示。读课文组是第七组,从背景音乐到朗读整体非常好,唯一不足的是李同学,读起来都是"结"。字词组只有陈同学一人上台,他的生字扩词只组了两个,太少,而且PPT有点"懒"——"一语道破""积少成多""举一反三"总共三张,每张上只有四个字。我认为还可以把《语文课堂作业本》上的练习题放进去。

我给自己打10分。

(九)

今天这节课我给自己打8.5分。早上从家里出来的时候不太高兴,课上有点打不起精神来,有些地方我没有怎么听,感觉落下了一些内容。

(十)

这次《北京的春节》的预习成果展示,各组都有着浓浓的年味,让我好像来到了外婆家,回到了过年时,家里浓浓的亲情,浓浓的温暖。说到底,为什么我们中华民族能几千年一脉相承,就是因为我们有像春节这样内涵丰富、文化底蕴深厚的传统与文明。

送给自己 10 分。

（十一）

我给自己打 10 分。

北京的春节如此热闹，羡慕呢！绍兴的年味、习俗就没这么重了，以前我小时候还在小区里放鞭炮，一般是一根根能点燃的烟花，在空中会绽放出美丽的图案，无奈现在烟花也禁了。我好想让时光倒流，去北京，和老北京人一起过年！老北京人的民风民俗积极向上，今天来展示的几个组都很不错！

10 分制给自己打分，知觉评估和量化。用 10 分制打分，这是心理咨询中用得非常普遍的一种手段，通过量化评估，可以让来访者表达他对过去种种复杂经历的观察，可以对某件事（某个时间点）的前后做比较，还可以对未来的可能性做出评估等等。

在 0~10 分的量表上，0 分代表一点都不满意，10 分代表非常满意。六年级下，我把这种方法用于评估一堂课的自我满意度，目的是让学生感知自己的课堂学习表现，监控和调节自己的认知、情绪和行为等状态。除了用 10 分制打分，学生还可以自由灵活地记录一些课堂感受，这两个部分组合成了简单的课堂随笔。

显然，这种打分方式，是个体知觉的评估和量化。知觉是客观事物直接作用于感官而在头脑中产生的对事物整体的认识，它具有选择性、意义性、整体性和恒常性等特征。10 分制打分是学生自己对整堂课学习表现的总体评估，这是知觉的整体性特点的体现。同时知觉具有选择性、意义性的特点，所以随笔中，尽管有些学生给自己打的分数一样，但感触点各不相同，且各有各的意义。

有感于听到的：

"一开始声音太响了，后来我去'救了场'，看来音量是个大问题。"

"读课文组是第七组，从背景音乐到朗读整体非常好，唯一不足的是李同学，读起来都是'结'。"

"第七小组读课文的背景音乐《菊次郎的夏天》选得非常好，很有喜庆的味道。特别是苏××节奏把控得很好，最后一句恰到好处地读得很慢，刚好合上音乐，朗读和音乐同时结束，效果非常好。"

有感于看到的：

"字词组只有陈同学一人上台，他的生字扩词只组了两个，太少，而且PPT有点'懒'——'一语道破''积少成多''举一反三'总共三张，每张上只有四个字。"

"最后一个组课文结构用表格呈现，条理清楚，一目了然，挺好。"

有感于行动的：

"幸亏之前我练习了五六遍，所以完美地读出了我该读的部分。嘻，给自己送朵小红花！"

"今天，我差点误了我们组的大事，不应该啊！给自己打7分。"

"第五小组的导读不但PPT做得漂亮，而且点出了课文按时间顺序写和有详有略这两个写作特色，我都记进了书里。"

有感于收获的：

"各组都有着浓浓的年味,让我好像来到了外婆家,回到了那过年时,家里浓浓的亲情、浓浓的温暖。"

"说到底,为什么我们中华民族能几千年一脉相承,就是因为我们有像春节这样内涵丰富、文化底蕴深厚的传统与文明。"

"我好想让时光倒流,去北京,和老北京一起过年!"

有感于探讨的:

"我认为还可以把《语文课堂作业本》上的练习题放进去。"

"'一语道破'的解释,应选重点来讲,全部读有点费时间,精简些会更好。"

"字词组的生字扩词,建议最好每个生字至少扩三个。"

"整个字词展示过程由陈同学一人独唱一台戏,好像其他同学没有给他更多的支持。"

学生的自我评估也是课堂教学的反馈,老师不但可以从这些反馈信息中了解学生的学习状态和学习的效果,还可以关注个别学生的心理动态,如(九)中给自己打 8.5 分的同学,如果连续出现这种反馈信息,就要采取适当的措施进行干预。

10 分制给自己打分,知觉评估和量化,是师生心心相印的切入点,可以为学生的语文学习和健康成长起到保驾护航的作用。

游戏模式五 深读课文

深读课文 我领悟

深读课文是课文学习的第二课时,我把它叫阅读成果展示课,因为起初是以"提问"和"回答"形式进行游戏互动的,所以同学们都喜欢叫它"课堂问答"。这是以自主学习加互动和评价的形式进行的,活动模式有很多版本。1.0版本是起点,分两大块互动:四个组提问,四个组回答。所提的问题有四类:内容类(代号"1")、形式类(代号"3")、思想(情感)类(代号"5")、价值类(代号"7"),回答与之对应,代号分别是:2、4、6、8。问答活动之前,先由各组代表抽好号,然后集中,针对抽到的题型进行讨论,讨论时间10分钟左右。之后进入互动环节,其间老师根据互动情况适当调整、穿插和补充相关的内容,并利用板书加以梳理,以强调重点,突破难点,落实教学目标。每两组互动之后,师生及时评价互动质量,满分为10分,加入各组的"单元积分"竞赛栏中。在学生把1.0版本玩熟练之后,推出2.0版本,随后逐渐推出更高级别的版本。如下表所示,随着版本级别升高,要求学生阅读的难度增大,这样既满足学生对新版本游戏的好奇心，又提升实际阅读能力。

阅读成果展示活动形式一览表

版本	是否合作	是否知道题型	互动（问答）过程	
1.0	是	是	提问组：抽号提问+总结	回答组：人人参与
2.0	否	是	提问组：抽号提问+总结	回答组：人人参与
3.0	是	否	提问组：抽号提问+总结	回答组：人人参与
4.0	否	否	提问组：抽号提问+总结	回答组：人人参与
5.0	是	是	两组PK，抽号上场，直接展示研读内容	
6.0	否	是		
7.0	是	否	两组PK，抽号上场，直接展示研读内容	
8.0	否	否		
9.0	是		两组PK，抽号上场，直接展示研读内容	
10.0	否			

从表中可以看出，版本1.0至8.0，都有三个项目组合而成：（1）是否合作；（2）是否知道题型；（3）互动（问答）过程。

关于合作，有两种情况：合作或不合作。合作时，以团队为单位，团队成员彼此之间可以取长补短，弊端是有些个体会有依赖性；不合作，个体独立思考，促进自身快速成长，但有时会闭门造车。因此，合作是低版本，学生在合作中互相学习，学习思考与解决问题的方法，然后版本升级，改合作学习为独立学习，提高个体的实际阅读能力。如：版本1.0是合作学习，版本2.0是独立学习，后面两个项目（是否知道题型和互动过程）都没有改变。

关于题型，就一篇课文的理解一共有四种：一是课文内容层面的问题；二是写作形式层面的问题；三是情感表达层面的问题；四是价值认识层面的问题。它也有两个维度：事先知道题型、事先不知道题型。

事先知道题型，问题解决目标集中，对某一层面的理解比较细致、深刻，但比较单一，对整篇课文的理解而言，只是局部，只占四分之一。事先不知道题型，问题解决需要从整体出发，也就是对四个方面都要做出思考，这样对课文理解会比较全面。但从一个层面的理解到四个层面的理解，也就是从理解部分到理解整体，难度只能逐渐增加。如：1.0版本和2.0版本都事先知道题型，它们属同一个难度级别，在熟练了1.0和2.0的基础上，升级到事先不知道题型的版本3.0和4.0，在3.0和4.0之间的难度也是逐步提升的——先合作，后独立。

再说互动（问答）过程，就是师生互动、生生互动的多向互动的学习过程。1.0、2.0、3.0、4.0版本属于同一模式，都是从提问组中抽取一个同学向答题组提出问题，然后答题组的每一个同学都参与回答，接着有提问的同学做出总结，在互动环节结束后，再有其他组同学对这两组同学的互动情况进行评价，最后由老师做一个总结性的评价，这样一个层面的课堂问答才告一段落。一节课基本能把四个层面的问题给解决好（如果时间比较紧，把讨论环节安排在早自修或午休时间）。那么，谁是提问组？谁来提问？提哪一类问题？谁是回答组？这些都有抽号决定，这样对每个学习小组、每个同学都是公平的，其目的是促进每个同学以积极状态投入学习，真正做到一个也不落下。

互动在两个小组之间进行，其他组的同学都是评委，他们需要做的就是倾听，并适当做些笔记。这样，一方面学习理解课文其他层面的内容，另一方面为互动结束后的评价发表自己的见解做好准备。

版本 5.0~8.0 的梯度与版本 1.0~4.0 的梯度一样，只是把表格中的第三个项目——问答改为直接展示。这样节省了挨个回答的时间，可以让上台交流的同学参与板书（学生非常喜欢在黑板上写字），还可以让更多的同学参与展示，更多地展示多元化地理解了整篇课文，阅读效果更佳。

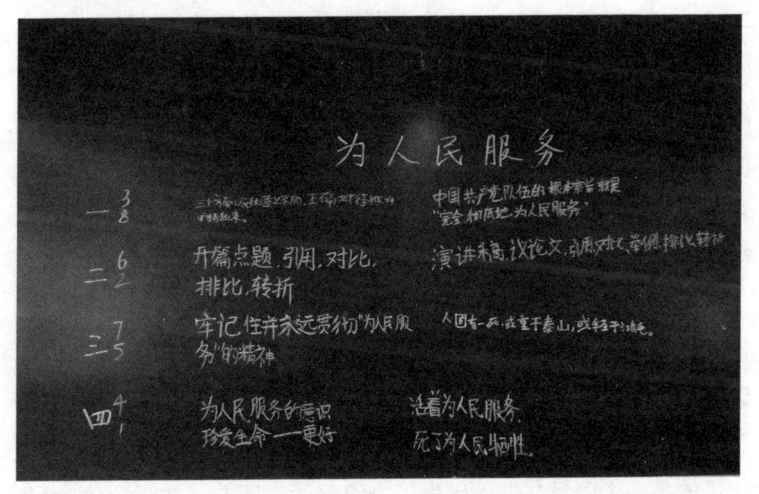

图为六下第 12 课《为人服务》7.3 版的阅读成果展示课的板书。左边 "一" "二" "三" "四" 是四种题型，八个组抽号，抽到相同号的两个组为一对，如 "3" 和 "8" 这两个组都展示课文内容层面的阅读成果

每一次版本升级，都会给学生带来新的刺激，待一段时间以后，大家对这套版本熟悉了，再进入高一级的版本。直到9.0和10.0版本，学生分别能在合作和独立的情况下，直接展示对整篇课文四个层面理解和吸收到的精华。

每个版本下面可以发展出多个子版本，子版本的应用，增加了课堂学习方式的灵活性，也就是不确定性增强了，这能够极大地激发学生的兴趣，产生强烈的兴奋感，课堂氛围更加活跃。

一个母版下面常用的有3个子版：X.1、X.2、X.3。如1.0版本的操作步骤是：1）同学们在课前一天，也就是第一课时上完后抽号（1—8），知道阅读成果展示的题型。2）布置作业，每个同学各自准备。3）语文课开始，各组进行10分钟的讨论。4）从1、2、3中抽取一个数字，决定今天课堂采用的子版本。抽到"1"为随机抽取提问组出场的同学；抽到"2"为老师点提问组出场同学的名；抽到"3"是提问组同学推荐出场的同学。5）内容类的提问组和回答组互动，之后进行评价。6）形式类的提问组和回答组互动，之后进行评价。7）思想类的提问组和回答组互动，之后进行评价。8）价值类的提问组和回答组互动，之后进行评价。

需要强调的是：不管哪个组提问，如果问题不符合（内容类、形式类、情感类、价值类）要求，将会被老师修改或被老师的问题替代，回答组的同学照常回答问题，之后有提问的同学或老师总结，但评价的时候，提问组的得分可能会比较低。虽然提问组出场的是一个同学，但他代表了全组同学，因此，在讨论的时候，每个同学都要做好出场的准备，不但要提出问题，还要在对方组回答之后，对问题的答案做好总结和补充。

阅读成果展示从内容、形式、思想（情感）、价值这四个层面进行，这是阅读教学的需要，也是写作教学的需要。我们经常说读写结合，以读带写，以读促写，就是让学生在理解欣赏课文的过程中学习写作。

阅读一篇文章，首先，我们要读懂它写了什么，即了解文章的内容；然后，我们要读懂它是怎样写的，即明白文章的结构线索、材料安排、语言风格、逻辑修辞等等；我们还要读懂它的主题思想，即领悟作者表达的思想感情；最后，我们要读懂它对自己的价值，即取其精华，为我所用。

不管课堂互动采用哪个版本，"内容""形式""思想""价值"始终是深读课文的核心。与阅读教学相对应的写作实践，我们也从这四个方面入手，要求写文章要"言之有物"，"物"就是选好材料，有内容；要"言之有序"，"序"就是组织表达，谋篇布局，斟字酌句等；要"言之有情"，"情"就是表达思想，中心明确；要"言之有值"，"值"就是有价值，对读的人有意义。

我们使用的教材，每篇课文都有问题设置，或课前，或课后，这些问题就是课堂互动的支撑材料。讲读课文的问题一般都安排在课后，基本上都是从"内容""形式""思想""价值"这几方面提出的。如：五上第6课《梅花魂》，课后问题有四个：

1. 有感情地朗读课文。想一想课文通过哪几件事表达了外祖父对祖国的思念之情。

2. 默读课文，提出不懂的问题和同学讨论。如，"梅花魂"的"魂"是什么意思？

3. 找出描写外祖父喜爱梅花的句子读一读，体会这些句子对表达外祖父的思乡之情有什么好处。

4. 抄写课文中让你感动的语句。

略读课文的问题则出现在文章前面，也都是从这些方面引领的。如：五年级上第8课《小桥流水人家》，课前提示是这样的：

"我"忘不了家乡的桂花雨,下面这篇文章的作者,对故乡的哪些景致又久久不能忘怀呢?阅读课文,想象文章描写的情景,体会作者是怎样表达思乡之情的。

有课前或课后问题的引领,有老师的指导陪伴,有师生的共同评价和督促,学生渐渐地掌握了提出四类问题的规律。加上教材的配套资料如《语文课堂作业本》《词语手册》,甚至有些家长给孩子购买教辅资料,如《跟我学语文》《教材全解》等,学生都会充分利用这些资料助力课堂互动。

由此,课堂评价成为课堂学习的重要组成部分。评价不仅可以提高课堂学习的有效性,还可以为团队和个体注入积极的心理能量,使课堂发挥更多的育人功能。评价一般从三个层面进行:团队合作层面、生生互动层面和个体体验层面。

评价团队——带动个体成长

评价团队从团队成员的参与率、参与质量和参与能力三个维度着手。

评价团队的参与面能极大地激发个体内驱力。以 1.0 版为例,"提问"组提出问题后,"回答"组的每一个同学都要积极响应,发言的同学,可以只说一点,可以说得不完整,可以补充其他成员的发言,直到整个团队觉得完整为止。但如果有同学不参与,就会扣分从而影响整个团队的成绩,这是在要求团队成员人人参与。这种评价方式,对每个个体都有不小的触动,激发了他们参与互动学习的动机。优等生充分发挥了领头雁的作用,中等生紧紧跟上,后进生也无法落后,学习效率显著提高。

"提问"组要先提出问题,然后请"回答"组的同学一一回答,等他们回答完毕,最后这个提问的同学总结所提问题的完整答案。出场的同学虽然只有一个,但这个出场的同学是随机抽取的,如果抽到一个没有准备的同学,那整个组就有"全军覆没"的可能。因此,不能有侥幸心理,必须人人做好被抽中的准备。

当这种课堂学习形式进行到一定次数(一般3—4次)时,学生基本适应了这种互动,课堂场面变得"火爆"起来,形成了"全员参与,乐在其中"的学习氛围。"提问"组的同学提出问题后,"回答"组的同学陆陆续续都举手,表达自己的想法,林林总总组合起来,把问题回答得具体、完整。"全员参与!我们下次会更好!"成了最激励人心的口号。从此,全员参与成了课堂学习的主流,大家都以参与为荣,积极合作,积极讨论,积极发言,教学效果自然是不言而喻。

评价组员的参与质量能有效促进个体的学习主动性。生生互动的课堂问答,即使知道了题型,如 1.0 版本、3.0 版本,如果课前没有充分的准备,合作讨论十分钟是远远不够的——十分钟只够对之前大家各自准备的内容做适当梳理与整合。在一两次课堂互动后,同学们都慢慢地变得有经验了,领悟到了取得胜利的秘诀:一定要事先准备好,而且要全方位准备,甚至最好有一、两个备用方案。

讨论之前,同学们各自准备的全面理解课文的过程,是真正的主动学习过程。他们会通过 QQ 群、微信群等互相联系,互相学习,互相帮助,互相督促,准备好所有的"提问"和"回答"的资料——基本上比较全面地理解了整篇课文。他们可以从容地面对课堂,迎接各种题型的挑战,"合作"(如 1.0 版本)当然是最好的,"不合作"(如 2.0 版本)也可以独自担当。

评价组员的参与质量,就是评价互动团队的"提问"或"回答"的质量，也是在评价学生在背后的主动学习的质量。

评价组员的参与能力可以增进个体互动的积极性。课堂评价什么，学生就会产生什么，评价个体如此，评价团队也是如此。评价团体成员的参与能力，学生的参与能力就会越来越强。在学生变得越来越会参与的过程中，他们获得了战胜自我的勇气，拥有了该有的自信。特别是一些从来都不敢积极参与课堂活动的同学，效果更加明显。

我在试行"课堂问答"的第一个教学班中，当时这个班已是六年级下，有一个从来都不敢举手发言的小男生，在学习第7课《藏戏》时，第一次主动参与课堂问答，感到了"举手的滋味真不错"，成功挑战了自我。在后来学习第13课《一夜的工作》时，自觉举手发言，他终于明白了："许多问题，我们并不是不能解决。我们一旦投入学习，就比聪明人还聪明；不用心，老是躲在一旁，就比笨人还笨。"他的两次课后日记分别是这样写的：

（一）

今天，我们班举行第7次课堂问答。

老师让小组代表抽号，我们组抽了个"4"，也就是回答课文表达形式的问题。前面"1"与"2"问答后，要轮到我们组了，我的手脚都颤个不停，生怕第四组给我们出的题目太难。如果我们组没有人举手，第四组提问的同学可以叫我们组的人回答问题。他们都知道我不会回答问题，肯定会偏偏叫我回答的。

但今天，我也拼了。因为我们组如果只有陈同学、韩同学和秦同学这三人回答，我们组会被扣分的。我不参与回答不就拖了自己组的后腿了吗？对，要为自己组出力！我暗暗下决心：今天一定要好好表现!

第四组的问题是:"作者是用哪些方法来写藏戏的?"这个简单,韩同学马上举手,她说文章第一、二、三段运用了反问,强调了藏戏的三个主要特点。陈同学也站了起来,秦同学又站了起来,还有徐同学也站了起来。我告诉自己该站起来了,可我能说什么呢?我看过《跟我学语文》,对!文章还有过渡句。我立刻举了手,我后面的谢同学也举起了手。但第四组的章同学叫了我。我讲了课文第四段是过渡段,承上启下,我读了出来,并说出了承上和启下的具体内容。王老师让大家给我鼓掌。

我现在才觉得举手的滋味不错!

(二)

今天是3月的最后一天,语文课到了。这节语文课我们进行第三单元最后一课《一夜的工作》的课堂问答,这是我们这学期第13次搞问答活动。

老师先让我们抽号。我们组抽了个"6",就是回答"5"号题的问题。他们的问题是:"课文以《一夜的工作》为题,有什么作用?"

大约过了20秒钟,组长陈同学举起了手,紧接着下一个也举了手,大家一个个回答了问题。我心里有点急,也连忙举起了手。对方组的潘同学叫了我。那一刻我就想:在叫我吗?我举手了吗?我连忙站起来说:"课文以《一夜的工作》为题,表达了作者对周总理一心一意为人民服务,无私奉献的高贵品质的无限敬意。"

这次课堂问答,我发现许多问题,我们并不是不能解决。我们一旦投入学习,就比聪明人还聪明;不用心,老是躲在一旁,就比笨人还笨。

学生的发展成长离不开团队这片沃土!

评价同伴——传递正能量

同伴关系在儿童的成长过程中非常重要,具有成年人无法替代的作用。同伴互动能促进儿童包括认知、社会性等多方面的发展。同伴互动通常能强化或处罚某种行为,从而影响了该行为出现的可能性。同伴互动还为个体提供行为的榜样和具体的社会模式。

同伴评价是同伴互动的一种行为,积极的评价可极大地发挥榜样作用和正性行为的强化作用。在阅读成果展示课的互动中,引导学生从同伴的学习行为、进步表现和发展成长等方面进行积极评价,传递正能量,让每个同学的内心变得越来越强大。

评价同伴的学习行为,使同伴形成重要感。重要感,即个体觉得我是重要的,是有意义的,是有价值的。在生生互动的阅读成果展示课中,整个学习过程,每个学生的一言一行都会被同伴"吸收",并产生影响。老师作为学习活动的引领者,对学生的学习行为不可能个个顾及,面面俱到。因此,对学生的学习行为评价,还是身边的同伴最有发言权。于是同伴评价的积极意义伴随着积极评价产生了:我是组里不可缺少的一员,没有我的努力,我们组也许不会那么精彩。我为我们组争了光,我很有用啊!我会保持优秀,我会更加努力,我们组会更加成功!

评价同伴的进步表现,使同伴具有成就感。对同伴进步的评价能让被评价者形成成就感,他们会觉得在具有挑战性的任务中,自己能达到预期目标，即使达不到目标，尽力了也就足够了。这为学生的可持续发展提供了不竭的动力：他们慢慢变得成熟，变得学会变通，变得与周围世界协调，变得能从容面对种种挑战和困难。

评价同伴的发展成长，使同伴充满力量感。可以这么说，没有什么东西能够比成就感更能促使人追求成功。这就是内心的成长，内在价值的提升。发展学生的内在价值感能让学生充满希望，充满力量。学生为了满足自己被接纳、被认可、被爱的愿望，通常都是尽力而为的。以欣赏、肯定的语言评价同伴成长中的点点滴滴，是鼓舞着同伴不断向上、去迎接各种困难和战胜挫折的动力。成功离不开同伴的支持，成长离不开集体的给力。

五年级下第二单元第9课《儿童诗两首》，教材的课前导读是："让我们有感情地朗读下面的儿童诗，交流读后的感受。如果有兴趣，你也可以试着写首诗。"第二课时的阅读成果展示，我们一改之前"提问""回答"的形式，用交流读后感和自己新作的儿童诗一首为内容，进行小组之间两两PK活动，每组选手随机抽取。

竟然抽中了她——米米！与她对阵的是班上的语文学霸灵灵，大家都为米米捏一把汗。

两人各自代表自己小组出战了，按规则，先有灵灵亮相。灵灵十分完美！

轮到米米了，只见她从容地站在讲台前面，十分全面地表达了她对这组儿童诗的理解，然后把自己的新作大声朗诵出来：

草丛
像刚下水的鸭群，

伸出嘴尖拉扯小草戏耍。
一双双小手灵巧地编织着，
你说我喊笑哈哈。
是哪个"小淘气"一下钻入树叶堆，
顶着树叶出来啦！
咦？只有一对小虎牙。

结果，两人打了个平手。
掌声自然不在话下，同学们的评价把课堂推向了又一个高潮：
"米米今天的表现非常完美，真是想不到啊！"
"开始我们还以为米米肯定不会赢，想不到打了个平手。不是灵灵不够好，而是米米太超常了！"
"老虎不发威，当我是病猫，米米今天真是发威了！"
"原来只要努力，强大的对手也可以战胜。向米米学习！"
这个从一年级入学后被大家以为是"哑巴"的米米，她胆小拘谨，从来都不敢和同学们说话。这个在四年级口语交际课中艰难迈过"破冰之旅"的米米，一直走在成长的道路上，这堂课让她破茧成蝶，光彩照人。这个内心越来越强大的米米，在小学毕业后的小初衔接班中，把参加竞选班长的事告诉了父母，竟把父母惊呆了："牛皮糖"，你啥时候变得如此大胆了？
这就是正向评价的力量！

评价自己——开发原动力

自我评价是一种重要的评价形式，对个体的成长与发展有非常重要的作用。他人的评价和外部的社会评价最终要与自我评价相结合才会促进个体的主动发展。学生是学习和发展的主体，自我评价是培养学生正确认识自我、认识社会以及促进自我反思的最基本的手段。科学合理的自我评价能够极大地激发学生内在动因，不断推动学生成长成才；有利于学生在语文学习过程中对自己的学习行为进行不断地调整与监督，形成有效的自我调整和反思的教育机制；有利于加强学生参与合作学习的主动意识，让学生在学习中能够真正成为自觉学习和评价的主人。

自我评价从评价自己的优缺点入手，"金无足赤，人无完人"，每个人都有优点，也都有缺点，扬长避短是我们教学的最大追求。学生通过评价自己的优缺点，不断认识自我，使自我逐步完善。自我评价时，学生都会联系自己的实际情况，进行前后比较，与他人比较，在比较中反思，在反思中行动，在行动中提高。有一个学生在期中小结时是这样评价自己的：

我的性格外向，天性活泼，认真起来也是专心致志的。我对自己有目标，要求却很放松，所以我在班上成绩一般。可我对别人的要求却很严格，妈妈也因此经常对我说："你自己没管好就别管别人！"可我这个毛病还是改不了，有时还会把"小火山"弄得"岩浆乱流"。

可自从当上了学习组长，我这个毛病改了不少，对自己的要求严格起来了。因为我清楚地知道，只有我自己做出表率，才能带领组员们一起进步。每次给组员们分配任务，我总是把最难的留给自己；每次检查组员们任务完成情况之前，我总把自己的任务完成好。虽然有时还是会发脾气，可我觉得我真的进步了。

看着自己一天比一天好，我真开心，因为我快达到自己的目标了。爸爸妈妈说，只要我努力，肯定会成功的！

所以，我给自己点个赞，鼓励自己好好学习！

人是在自我评价中长大的。

评价学习过程是自我评价的又一途径，具有自我督促，自我监控的作用。六年级下《千年圆梦在今朝》课堂互动结束之后，学生对自己的过程评价，除了体验更有感悟，评价的意义就更深远了。

2017.4.25　19*《千年梦圆在今朝》　8.1版

内容类：高同学与王同学都复述了主要内容，但表达方式有所不同。

高：新中国航天事业蓬勃发展：第一颗人造卫星→神舟五号→神舟六号→……

王：课文叙述了中华民族的千年梦想，经过航天工作人员的不懈努力，终于变成了美好的现实。

形式类：我再次运气好抽中了自己与杨同学对阵。

杨：第11段与开头照应，表达作者为祖国的千年圆梦而自豪的感情；全文多处用事实描述来说明道理。

我：首尾呼应结构严谨；时间节点启段，条理清楚；三个"最"说明困难和挑战的巨大；"有的人"排比，反映任务的艰巨和复杂；具体的数字是科学精神的体现；"更深、更远"激励我们不断前行。

思想类：陆同学（我今天算过可能与陆同学）对阵韩同学。

陆：万户勇于实践，献出生命；新中国有信心，肯花大力气；科研工作者，齐心协力，日夜奋战；杨利伟的语言描写表达了强烈的自豪感。

韩：坚持不懈，齐心协力，团结合作，默默奉献，航天人的科学精神圆了我们的航天梦。

价值类：钟同学对高同学。

钟：体会到了科学精神就是团结合作、默默奉献、不畏艰难、勇于探索、锲而不舍。

高：了解了中国航天事业的发展历程，就是中华民族千年梦圆的经过，懂得了在事实的描述中说明道理的写作方法。

这节课，我给自己打 10 分。

这则课堂随笔，清晰记录了这一节阅读成果展示课的日期、课题、采用的版本、互动的过程和内容。特别是作者把自己与另一个"形式类"的组进行 PK 的内容和要点都列了出来，可见对自己的学习过程十分满意，"给自己打 10 分"是恰如其分的评价。

让学生进行自我评价，意味着学生对自己要进行自我导向与自我控制，自我审视与自我诊断，自我促进与自我激励，其实质就是发挥了元认知的监测和控制功能。

比课堂评价更时长的是学期目标达成评价。新学期的第一天就让学生明确本学期的奋斗目标，具有十分重要的导向作用。这些目标是一个个具体的、可望而又可即的数字，如口语交际分数达到 40；《语文课堂作业本》得 15 次"优"；早读得 40 次"优"……每得一个"优"为 1 分。此后的每一天，每个学生都朝着这些目标努力，并不时地鞭策自己。到学期结束的那一天，人人回顾总结，看看自己的成功、进步和不足，下一个学期向更高的目标进发。

这学期我给自己打 9 分。

因为我语文期末考考了 93 分，我觉得我应该能考到 95 分的。因为我复习得不够全面，漏掉了一些知识点，看到试卷上说"杂兴"的意思是什么时，我怎么也想不出答案。考试结束了，我立刻拿出语文书，原来"杂兴"的意思是各种兴致！我长叹一声，沮丧极了，所以我给自己打9分。

不过，值得欣慰的是我平时成绩的所有项目都达到了王老师给我们的目标。总目标是155分，分别为：早读40分；预习15分；语文课堂作业15分；写字25分；口语交际40分；日记10分；读书笔记10分。我达到了170分，毫无疑问，我平时成绩达到了优秀。特别是读书笔记，别说得了16分，我次次都是优☆，还在老师那里换了三张心愿卡呢！但是口语交际我们组应该加油了，因为最好的第四小组每人有55分，而我们组只有38分。现在我终于明白了，平时成绩的分数大部分是靠自己挣来的，还有一部分是要靠团队成员一起努力得到的。

我希望自己在下一个学期里能更大胆一些，充分展示自己的智慧和力量，争取获得"免考生"荣誉。

以目标为导向的自我评价，学生清楚知道自己努力的方向，更加容易掌控自己的行为，心里感到特别安全，我的完美"10"分就在实现目标的奋斗过程中。

新学期开始，我就咬牙对自己说："加油！你一定可以的，期末一定要拿全优！"学期结束时，我的素质报告单上共有24个"优"，比上学期进步了不少！但我还是没有评上"五星级学生"，主要原因是有些学科的一些项目上还做得有些"先宽后紧"。如《语文课堂作业》一开始我就不怎么重视，心想：慢慢来，反正有一个学期时间，以后努力一下就行了。可是，人算不如天算，到了后半学期即使努力也来不及了，都是放纵惹的祸。以后可不能掉以轻心了，只有自始至终去努力，才能达到目标，取得满意的成绩。

虽然没有实现目标，但"我"已经知道自己的问题是"先宽后紧"，相信这个同学为了评上"五星级学生"，一定学会了管理自己，督促自己。

　　这个学期素质报告单中语文成绩的9个项目我全是"优"，这是靠我平时的认真与积累换来的。要说经验也没有，我只是一点一点、一步一个脚印走过来罢了。其实只要我们做到上课专心一点，作业认真仔细一点，复习全面一点，拿一个"优"应该没有什么大问题的。

　　一点一点地积累，一步一个脚印地走，是取得成功的最好经验，所有的人都这样认为，但这个学生是从体验中获得的，比所有的说教都有效。

　　从评价团队，到评价同伴，再到评价自我，目的是都为了满足学生的三个基本的需求：归属需求、胜任需求和自主需求。最终激发学生的学习动机，改善学习现状，提高学习效率，培养学生对学习的自我调节和自我控制能力，发展健康的人格。

　　阅读成果展示课给学生带来了太多的收获和感触，有与课文内容有关的，有与课堂互动有关的，有与自己内心感受有关的……以下几个有代表性的故事与你分享，看看故事中的主人公分别满足了哪些方面的心理需求。

"被大家表扬的感觉真爽！"

个案故事：被大家表扬的感觉真爽！

　　今天的语文课，我们进行了第8课《自然之道》的课堂问答活动。早上，老师让我们分组讨论，我们讨论的是5号题——是情感类问题的提问，与我们对阵的6号题是阵容强大的第二小组，我们必须更加用心讨论。讨论时，大家一致同意提出的问题是：请从文中找出描写"我们"心情的语句，并说说"我们"为什么会有这样的心情。接着，大家讨论这个问题的答案，我听得很认真，把组长和组员们说的全都记在了课本上。

轮到我们5号题与6号题组问答了，先抽我们组的出场的同学，老师问我们组希望抽到谁？结果全班同学大喊："4！4！4！""千万别抽到我呀！"我心里暗暗想。当抽号的1号大金刚陈同学报出"6"时，我的心都要跳出来了。王老师翻出第6张卡片，一看，果然是"4"。呜呜呜，为什么倒霉的就是我？

我站了起来，对着第二组同学大声说："第二组同学请听题，我们的问题是：请从文中找出描写'我们'心情的语句，并说说'我们'为什么会有这样的心情。"第二组同学立马积极回答了起来：有的找到并分析了"我们"心情紧张的句子，有的说出了"我们"焦急的原因，有的说明了"我们"震惊的缘由，还有的解释了"我们"无奈和后悔的理由……最后在他们回答的基础上，我做了补充："第二组同学的回答非常全面，我不再重复。我再补充一点，最后自然段中'我和同伴们低着头，在沙滩上慢慢地走。'这句话写出了'我们'很自责、很后悔、很难过、很悲伤的心情，因为之前'我们干了一件愚不可及的蠢事。'救下了那只侦察的幼龟，给巢内的幼龟传达了外面安全的错误信息。'我们'好心办了坏事，而且无法挽回，让许多幼龟在离巢入海的路上成了食肉鸟的美食，早早地结束了它们的生命。"

待我坐下，全组同学都向我竖起了大拇指说："涵涵，太给力了！你的表现真好！"我从来没有被大家表扬过，今天第一次听到大家这样夸我，心里乐开了花。

> 被大家表扬的感觉真爽！希望以后还能抽到我来代表小组提问。

"被大家表扬的感觉真爽！"他人认可是我们每个人内心真正的需要。马斯洛的需要层次理论告诉我们：每个人有五个层次的需求，其中最底层是生理方面的需求，其次是安全的需求，再是归属的需求，到了第四层是比较高级的需求，就是尊重的需求，包括"被他人尊重和认同"。

本文小作者道出了自己在深读《自然之道》这篇课文时，第一次被大家表扬的经历和感受。在这次独特的经历中，小作者体验到了一种全新的感受，以前从来没有过的感受——"心里乐开了花""爽"。这里就分析一下小作者在这次经历中的行为过程和心理反应：

1. "与我们对阵的 6 号题是阵容强大的第二小组，我们必须更加用心讨论"因此，"我听得很认真，把组长和组员们说的全都记在了课本上。"不仅记大家一致同意的问题，还把与这个问题有关的答案都记了下来。小作者认真记录的动机可能是迫于组员们的督促；可能是为"如果"代表小组出场，与对方决一高低做准备；可能是发自内心，真心要学。无论这个学习动机是什么，小作者就这样认真地做了，都增强了心里的底气。

2. 抽出场号时，全班同学都希望抽到 4 号，不禁让"我"紧张起来，暗暗祈祷："千万别抽到我呀！"4 是"我"在小组里的座位号，"4！4！4！"的喊声里，有很多的意思：希望看"我"的笑话？希望"我"败阵下来？希望"我"拖累整个小组？虽然"我"在讨论的时候认真准备了，但"我"还是害怕在全班面前"亮相"。

3. 果然是怕什么就来什么，不想被抽到的"我"偏偏被抽中了，"呜呜呜，为什么倒霉的就是我？"被抽到了，就得代表小组出场了，这个压力好大啊！"我"当然不想承受这个压力呀，但又有什么办法呢？规则面前只能自认倒霉了。

4. 既然被抽到了，就没有了退路，只能硬着头皮出征了，"我站了起来，对着第二组同学大声说"，说出了我们组向对方组提出的问题。就在"我"自认倒霉和站起来之间的瞬间，内心的压力转化成了行为的动力，"我"就"我"呗，有什么好怕的，反正已经准备好了。"我站了起来""大声说"，好大的气场，真是"心中有粮，手中不慌"啊！

5. 第二组阵容确实强大，你说一点，他说一点，把"我"提出的问题都答了出来。我听得仔细，"在他们回答的基础上，我做了补充"。从"我"提出问题到对方组同学一一作答，到最后"我"总结和补充，一切进行得非常顺利，"我"的表现几乎完美。

6. 待"我"补充完毕，刚坐下，就听到大家的夸奖"涵涵，太给力了！你的表现真好！"是的，"我"确实做得很好：大家讨论时，"我"专心致志听、记；抽到"我"出场时，"我"虽然不情愿，但还是勇敢地站了起来；提问和总结时，"我"说得一点也不含糊。这是组员们发自内心的赞美。组员们在赞美"我"不负众望的同时，也有放下了刚才为"我"捏的那一把汗的轻松。

7. "我从来没有被大家表扬过，今天第一次听到大家这样夸我，心里乐开了花。""我从来没有被大家表扬过"，确切地说，"我"从来没有被同学们（同伴）表扬过，不仅仅是现在这个组的同学。就在此时此刻，大家表扬了"我"，荣誉感、自豪感、价值感、重要感、归属感……美好的感觉，让"我"觉得"心里乐开了花"。

8. "被大家表扬的感觉真爽！希望以后还能抽到我来代表小组提问。""爽"的感觉里有被肯定、被接受、被认同、被喜欢、被尊重等多种需求的满足，这种愉悦的情感体验，让"我"有一种想留住它的念头，因此，"我"有"以后还能抽到我来代表小组提问"的期望。至此，"我"的学习又多了一个外部诱因——被大家表扬。

在此之前，对"我"来说，最大的外部诱因是小组在比赛中取得胜利并获得相应的奖励，加上现在的"被大家表扬"，于是，"我"作为一个学习的主体，外部诱因与内在感受之间形成了一条反应链：追求诱因（目标、强化物）→激发个体内驱力→满足个体内部需要→个体产生愉悦的情感体验→进一步激发内驱力→学习成了快乐的源泉。如此循环，离满足马斯洛的最高层次的需要——自我实现的需要会越来越近。

默契，打造完美的团队。

个案故事：为我们组骄傲

星期二上午的第一节语文课，我们进行《麦哨》的课堂问答。其实，我们在前一天晚上就在准备了。

早上，王老师先让我们以小组为单位进行讨论，然后小组代表抽题号，我们组的韩同学抽了第四张，一看是6，是回答情感类问题的。给我们小组提问的是X战队，队长是徐同学，徐同学这人太聪明，因此，我们绝对不能放松。

开始上课了，前面四个小组的问答都很不错。轮到我们组与X战队上阵了。徐同学抽出了她们小组的上场队员——沈×睿，顿时教室里发出一阵笑声，因为这段时间几乎每节课都抽到她，太凑巧了吧。

沈×睿开始提问:"第六组同学请听题:你从课文中的哪些地方体会到孩子们热爱乡村?"

我脑子一动,连忙举手,我回答道:"我从第5自然段的最后一句'草地柔软而有弹性,比城里体育馆的垫子还要强,这简直是一个天然的运动场!'体会到孩子们热爱乡村的草地。感受到乡村的草地比城里体育馆的垫子还要软,还要大,还要漂亮,软软的、宽宽的、绿绿的,他们可以随意在上面翻跟头,竖蜻蜓,玩摔跤比赛。我的回答完毕。"

我后面举手的是韩同学,他把第四段中田野里长势喜人的几种作物都讲了出来:金黄色的油菜花……黑白相间的蚕豆花……雪白的萝卜花……接着宋同学讲了长势喜人的麦田……就这样,我们组一个接一个,很有次序地回答沈×睿的问题。最后一个回答的是组长何同学,她的回答当然更棒:"我从课文开头'呜卟,呜卟,呜……'和第七段'呜卟,呜卟,呜……'体会到:这麦哨声多么悠扬,多么柔美,多么绵长,吹出了孩子们欢快的心情;吹出了孩子们无忧无虑的美好生活;吹出了孩子们对乡村生活的热爱之情。"此时,我不禁紧握了一下拳头,嘴里轻声喊着:耶!我不知道我们的组员是什么时候准备的,早上并没有讨论到这个问题呀,但大家的回答竟是如此精彩,我为我们组感到骄傲!

老师和同学们对我们的表现给予高度的评价,最后我们组得了满分。

原来,大家团结一致,就可以让我们组变成最好的小组。

用默契,打造完美的团队。团队成员默契配合,心照不宣,在本文小作者笔下显得淋漓尽致。当对方组提出"你从课文中的哪些地方体会到孩子们热爱乡村?"这个问题时,我们小组个个踊跃发言，有次序，有条理，不重复，尽善尽美。可是在课前讨论时，大家并没有讨论到这个问题呀，为什么在课堂中表现得如此精彩？

首先，提问组要求回答的问题是一个很好的阅读任务，完成这个任务是全组同学的行为目标。

其次，在完成行为目标之后，全组同学可以得到满分（10分），这是一个外在奖励，它强化着全组同学尽全力去达成行为目标。

再次，课堂规则——每个小组成员必须参与，若有同学不参与，就不能得到满分（10分），游戏中的个体没有一个人会去违反它。

最后，每个同学都是团队中的一员，都有参与的需要，若没有参与其中或参与得不够认真，将会受到来自团队的压力，或被队友批评，或不被队友喜欢，或缺少归属感等等。

同样，提问组同学的互动也是默契的，他们的默契往往表现在讨论的时候：

1. 给对方出一个什么样的问题，既要能在气势上压倒对方，又要符合题型——倘若不合适，会被老师的问题替代，那时全组的奖励分数会与满分10分有一定的距离。

2. 对方回答完毕之后，怎样作全面的总结——任何一个队员都要做好充分准备，因为不知道会抽到谁，如果抽到一个没有准备好的同学，那整个组就会达不到目标。

不管是提问组，还是回答组，团队成员之间的默契配合为完成课堂学习任务，实现目标提供了保障。只有完成了当前的任务，才能得到那个几乎所有同学都很在乎的分数，而且都以拿到满分10分为荣。这个10分，它虽然是一个外部强化物，但同学们在对其追求的过程中，内心总会获得些许的体验，这些体验自然而然地会转化为内部强化物。从外部强化到内部强化，随着经历的增长，随着年级的升高，学生的学习内驱力将会被充分激发出来。

暴露减轻焦虑，行为改变观念。

个案故事：虚惊一场

星期一的语文课是《走遍天下书为侣》的阅读成果展示课。上课铃一响，我的心就忐忑不安起来：一种预感从脑海中闪过——今天的课上会抽到我？

王老师走进了教室，她拿出卡片让各组代表抽号，我们组由陈同学抽号，他说："最后一张。"我的目光随着王老师的手转动："8！"我们组是价值类的阅读成果展示，且是第8个出场，我松了一口气。可是我又紧张起来：万一我准备的问题是不符合价值类的呢？万一我没有为组里加到一个好分数呢？我的脑袋里装满了"万一"。

……

很快轮到我们组出场了，要抽出场号了，我心里不断念叨着：不要抽到我！千万不要抽到我！

"3号！"

我狂吐了一口老血，紧张地走上了讲台。

我的对手是李×扬同学，他先讲，讲得非常好，我越听越觉得自己没有希望了。接着是我讲了，我把事先准备在书上的内容读了出来："我的问题是我们应该怎样与书为伴？我的回答是：我会像作者一样，一遍又一遍地读那本书。首先思考，故事中的人为什么这样做，作家为什么要写这个故事。然后在脑子里继续把这个故事编下去……做完了这些，我会把从书中学到的东西列个单子。最后，我会在读书笔记上，把书中最喜欢的句子摘录下来，并写出自己喜欢它的理由。"

我读完了，同学们评价，说我们两个各有所长，最后王老师发话："王同学的回答很有拓展性，不仅总结了课文中的读书方法，还展示了自己的读书方法，很明显这是一个很有实际意义的做法。"啊，原来我的发言有这么好！真是虚惊一场啊！我悬着的心一下子放了下来。

虽然，我为我们组加了满分10分，但我还是不能"饶了"陈同学，是他让我尝到了上台发言的可怕和成功！

暴露减轻焦虑，行为改变观念。班上总有一些同学特别胆小，不愿意主动参加各项活动，回避出场，也不敢发言，但他们做事、学习却一直很踏实，很认真。为什么会这样？其中可能有先天因素；更可能是后天因素的影响。如：在与别人比较中，觉得自己不如他人。又如：曾经有过一次可怕的失败，从此"一朝被蛇咬，十年怕井绳"。特别是家庭教育中，父母的高要求给他们造成很大的压力，也使他们以高要求评价自己，从而形成了一些负性的信念："我是无能的。""我是不好的。""我是没有用的。"

本文作者"我"就是其中的一员，他脑子里有一连串的"万一+否定"，满脑子都是"我会出错的""我不能为小组得到好成绩""我比不过人家""我是不行的"这些观念，使自己一直处于负性评价之中。处于这种状态中的"我"不仅对自己没有信心，而且在课堂活动时显得十分焦虑。怎么办？"暴露+行为试验"可以试一试。

"暴露"是一种减轻焦虑的心理疗法，就是让个体直接进入最恐怖、焦虑的情境中，以迅速校正个体对恐怖、焦虑刺激的错误认识，并消除由这种刺激引发的习惯性恐怖、焦虑反应。

"行为试验"是一种改变负性认知的有效疗法，就是让个体尝试做一些与以往不同的行为，通过这样的行为，让个体看到实际的结果（可能和预想的不一样）。这样，试验结果就构成了负性认知改变所需要的证据。随着证据的增多，个体的负性认知也就发生了改变。

抽出场号时，尽管"我心里不断念叨着：不要抽到我！千万不要抽到我"，但还是"中奖"了。在规则面前，"我"无法回避，只能紧张地走上讲台，被迫暴露在全班同学的面前。听着对手的发言，"我越听越觉得自己没有希望"。在"我"把事先准备在书上的内容读完之后，"同学们评价，说我们两个各有所长"，更没想到王老师这样评价："王同学的回答很有拓展性，不仅总结了课文中的读书方法，还展示了自己的读书方法，很明显这是一个很有实际意义的做法。""啊，原来我的发言有这么好！"——"我"并没有想象中的那么"不好"。

这次课堂"行为试验"的结果，第一次证明了"我"原来的观念是不对的，在第二次，第三次……更多次的"行为试验"后，"我"脑子里的"万一+否定"的想法就会减少，甚至会被"我也能行。""我是可以的。""我是有用的。"所取代。

"真是虚惊一场啊！"很明显，此时的"我"终于体验到，刚才的紧张没有必要啊！"我悬着的心一下子放了下来。"这下，"我"完全放松了。这一次上台"暴露"，"我"初步完成了焦虑脱敏。在经历下一次"暴露"时，"我"的焦虑程度会比这一次轻很多；再下一次，则会更轻；直到后来，"我"的焦虑可以彻底脱敏。

值得庆幸的是：这种"暴露+行为试验"的学习模式是游戏化语文课堂的常态。这类同学的负性观念和回避行为都可以得到很好的改变。

峰值体验，刻骨铭心。

个案故事：怕什么来什么

想起昨天下午的语文课，我心里还是有些不平静。

昨天中午，我准备起《桂花雨》这篇课文要展示的阅读成果来。我先准备了内容类的问题：说说桂花雨给我带来哪些快乐？接着是情感类的问题：找出文中描写桂花雨的句子，并说说表达了作者怎样的感情？然后是价值类的问题：读了这篇课文，你有什么收获？

唯独形式类的问题，我看见教辅资料《跟我学语文》里有现成的，而且非常好，便原原本本地抄了下来。因为我想：抽到形式类这个题型的概率是四分之一，不是很高啊。即使我们组抽到了形式类的问题，可抽到我的概率是六分之一呀，不是更低了呗。坐在我前面的吴同学，她今天没有带语文书，我就把我准备的让她抄了下来。

下午的语文课，我就有点害怕了：到底会不会抽到形式类呢？老师手里只剩下两张抽号卡了，其中有一张是形式类的呀！，我暗暗祈祷：我们组千万别抽到形式类啊！"二"一个洪亮的声音传入我的耳朵，啊！真是怕啥来啥啊！

抽座位号时，组长又抽了个"1"，1号是吴同学啊！唉，她是抄我的，而我是抄教辅资料的呀！

吴同学走上讲台，刚说："我的问题是课文中有两个'浸'字，好在哪里？"就有同学在下面议论：抄来的，与《跟我学语文》里是一样的。等吴同学说完，老师说："抄资料，也可以呀，但是，要把抄来的内容转化成自己的理解才好。"说着，给我们组加了9分。

这次，我领教了：果然是怕什么来什么，以后准备时可不要有什么漏洞了。还有，我觉得老师说的那句话很对，抄教辅资料，要把里面的东西吸收了才好。我认为教辅资料就像课外书一样，把里面的知识吸收了，它就属于我的了！

峰值体验，刻骨铭心。丹尼尔·卡尼曼的《思考，快与慢》中告诉我们一个峰终定律，说一个人在体验一个事物的过程中，最重要的是两个点：一个是峰，即这个事情过程当中的高峰体验，也就是最好或最坏的时刻的体验；一个是终，即这个事情结束时候的体验。这两个体验将决定着个体对这个事物的评价。文中的"我"叙述了两个峰值体验：

1. 进入低谷。在准备"形式"类题目时，原原本本地抄用了《跟我学语文》中的资料，原以为抽中这类题型的概率是四分之一，可是抽题型时，"老师手里只剩下两张抽号卡了，其中有一张是形式类的呀！我暗暗祈祷：我们组千万别抽到形式类啊！'二'一个洪亮的声音传入我的耳朵，啊！真是怕啥来啥啊！"这还只是峰值体验的前奏。

小组里有6个同学，抽中"我"的概率只有六分之一呀。让"我"没有想到的是前面的吴同学居然被抽中了。"唉，她是抄我的，而我是抄教辅资料的呀！"这下真糟糕，事情越来越坏了。

吴同学走上讲台,才说了个开头,"就有同学在下面议论:抄来的,与《跟我学语文》里是一样的。"这时,最坏的事情发生了,同学们的"揭发"使"我"非常不堪,"我"的体验进入了低谷,感觉糟糕透了,达到了整个事件的峰值。这件事的终结是老师"给我们组加了9分。"

这次峰终体验,"我"深深地领教了:"果然是怕什么来什么,以后准备时可不要有什么漏洞了。"这种被领教的感觉就是顿悟,足以让人刻骨铭心。

2. 走出低谷。在"我"陷入了低谷时,老师的评价却是"抄资料,也可以呀,但是,要把抄来的内容转化成自己的理解才好。"不禁又让"我"欣喜起来,再一次刻骨铭心的峰值体验,让"我"明白了"教辅资料就像课外书一样,把里面的知识吸收了,它就属于我的了!"

看到"我"进入低谷,遭到同学的议论,好像做了什么坏事似的,这个时候"我"多么希望有人能帮我解围啊!老师的点评给了"我"支持,也给了"我"方向,打造了又一个峰值体验,让"我"较快走出低谷,把低谷事件[1]变成了"成长"的资源。

课堂中的峰值体验可以有老师精心打造,也可以在师生互动、生生互动中现场生成,目标只有一个:让学生在体验中成长!

【注】[1]低谷事件:《行为设计学:打造峰值体验》,奇普·希思、丹·希思著。

自豪感让学习"上瘾"。

个案故事：大显身手的阅读成果展示课

今天上午第三节语文课，我们要进行第11课《新型玻璃》的阅读成果展示。我很兴奋，希望能抽到我到台上去展示，因为这个学期我还没有一次被抽到过。要知道我每次准备都非常充分：总是从四个层面准备问题和答案，而且每个层面都有两套方案，这样，万一对手抢了我的题，我可以启用备份。

老师先抽版本号，我们组的同学都想抽"同学版"，结果抽到了"老师版"，也就是上台展示的同学由老师点名。我一下子像泄了气的皮球似的，我想老师一定会点不太有准备的人的。可是，轮到我们组的时候，老师竟然点了我，我高兴得差点喊出声来。

我高兴地走上讲台，开始了我的展示："我的问题是：这是一篇说明文，作者用词非常准确，请你找出几个来，并说说好在哪里。我的问答是：我从第一段第4句的'极细'一词看出玻璃中的金属丝非常细，细到了不能再细的程度。从第二段第2句的'猛击'一词可以体会到撞击玻璃的力量很大，但玻璃片还是粘连在一起，说明这种玻璃非常安全。我还从第五段中的'街上的声音为50分贝时，传到房间里就只剩下12分贝了'这句话中看出吃音玻璃降低了38分贝的音量，它消除噪音的功能真的很大。"等我在黑板上写完"极细""猛击"和"50-（38）=12"这几个词，同学们就给我送来了一阵掌声。毫无疑问，我成功地为我们组加了10分。

这节课，我感谢王老师给了我上台的机会，感谢同学们给了我充分的肯定。我也要感谢自己，做了充分的准备，同时我再次相信：有付出，就一定有回报！

自豪感让学习"上瘾"。心理学上对自豪感的定义是：个体把一个成功的事件或积极事件归因于自己个人能力或努力的结果时所产生的一种积极的主观情绪体验。

文中，"同学们就给我送来了一阵掌声""我成功地为我们组加了10分"，说明这次阅读成果展示非常成功，这一直是我的期盼。今天的成功是"我"努力的结果，而且是必然的结果，因为"我每次准备都非常充分"。

"我"的努力还表现在准备工作细致周密：首先，从四个层面对课文进行了全方位的阅读；其次，每个层面进行了深入的阅读，对课文的细节都有细致的分析；再次，讲究策略，每个层面都有两套方案，万一对手抢了我的内容，我可以启用备份。

成功不但要努力，还需要机会。今天终于抽到了"老师版"，还以为老师不会点"我"名的时候，老师竟然点了"我"。"我"高兴得差点喊出声来，兴奋、激动、欣喜，简直像中了大奖一样。

该大显身手的时候了，"我"有条不紊地讲解：先提出问答，再列出答案。答案一条一条地列举：先指出是哪一个段，哪一个句子，哪一个重点词语，然后联系上下文进行具体的分析，把自己的理解详细地讲给同学们听，最后，把关键词板书在黑板上。这架势比老师还老师！

如此圆满，掌声是必然的，满分是必须的，此时的"我"怎一个"自豪感"了得！它将进一步激励"我"继续努力，因为"我再次相信：有付出，就一定有回报"！

在语文课堂学习的游戏中，自豪感让"我"对学习上了瘾。

有研究结果为证:"最近,斯坦福大学精神病学和行为科学教授艾伦·赖斯率队对游戏玩家的自豪感进行了神经化学研究。研究人员在玩家进行高难度视频游戏时对其大脑做了核磁共振成像,他们观察到,玩家获胜的那一刻,大脑的成瘾回路异常激活,因此,研究人员认为,一些玩家对心爱的游戏觉得'上瘾',最大的潜在原因是自豪感。"——《游戏改变世界》

拥有正义感的学习,更让人心满意足。

个案故事:心满意足的阅读展示课

今天我们要进行第19课《"精彩极了"和"糟糕透了"》的阅读成果展示,展示的内容有四个,分别是"内容""形式""情感"和"价值",每个组抽其中的一个,两个相同的组进行比赛,比比哪个组说得更好。

"叮铃铃",随着优美的铃声,我们开始了精彩的阅读展示。王老师先让我们以小组为单位讨论。我们组6个人围坐在一起,我先发言:"我的问题是:父亲和母亲对巴迪的诗为什么有不同的看法?我的回答是:'精彩极了'的夸奖是慈祥的母亲期望儿子成功的热情鼓励;'糟糕透了'的批评是严厉的父亲……"我说完了,组长吴同学说:"李××,你这个问题非常好,是内容类的,但是你的答案可以结合文中的语句,说得再具体些。"组长给完我建议,叶×勋开始与我们分享他的问题,他非常细心,总共准备了12个问题。他的书上密密麻麻地划了很多句子。他自告奋勇地对我们说:"如果等会抽到'同学版',你们就推荐我上!我肯定能赢,因为我有把握!"我也想上去显显身手,可我还是同意把机会让给他。

　　经过十分钟的热烈讨论,我们组每个人脸上都露着自信的笑容。终于开始展示了,王老师先给我们抽题型号,我们抽了个"一"——"内容类"。"我们组赢定了!"我暗暗欣喜,我们有十成的信心和把握。接着抽版本号,结果抽了个'随机版'——每个组抽到谁,就谁上台展示,当然这是最公平的了。然后抽出场号,我们组的刘同学居然抽到了叶×勋!叶×勋和第七小组的王×韬对阵,他们俩展示的内容都是对课后第一题的解答,但两个人的表达方式不一样,都非常好,两个组打了个平手,各加10分。

　　形式类的展示在第三组与第八组的PK中进行,出场的是舒同学与张同学。张同学的回答让人赞叹,为他们组加了10分。情感类的展示组是第一组和第二组,他们两组都很出色,都拿到了满分。第五组和第六组展示了价值类的成果,其中第五组的徐同学,她的想法与别人不一样,给我们耳目一新的感觉,毫无疑问地拿了个满分。

　　今天的课,我们不但取得了满意的成绩,而且收获了许多阅读展示的成果,真让我心满意足啊!

　　拥有正义感的学习,更让人心满意足。正义通常指人们按一定道德标准所应当做的事,也指一种道德评价,即公平、公正。正义感作为人的一种高级道德情感指追求正义、伸张正义的道德意识和行为。正义美德下的所有品格优势超越了一对一的关系,是个体与集体的关系。有三种优势可以体现出正义:一是团队精神;二是公平;三是领导力。

　　文中"我"所在的团队,具有很强的团队精神。组内讨论时,在组长的带领下,人人参与,大家把各自在预习中准备的内容都呈现出来，做到集思广益。在此基础上，每个组员本着对自己负责，对团队负责的态度，取长补短，为上台展示做最好的准备。不仅如此，还要讨论在接下来组与组对决的出场情况做好预计："他"（叶×勋）自告奋勇地对我们说："如果等会抽到同学版，你们就推荐我上！我肯定能赢，因为我有把握！"而"我也想上去显显身手"，可"我"看到"他"（叶×勋）非常细心，总共准备了12个问题。他的书上密密麻麻地划了很多句子。"显然，他比"我"准备得更周全，为了整个团队的利益，"我还是同意把机会让给他"。这种乐于分担，为团队献计出力的团队精神，营造了快乐学习的氛围。

公平是正义的体现，正义是公平的保障。没有正义就没有公平。文中的"我"对"随机版"的评价是客观的——"抽到谁，就谁上台展示，当然这是最公平的了"，因为这给每个人同等的机会。对四场选手8个组的代表的发言的评价，不偏袒哪一方面，赢的组之所以赢，是因为"他的回答让人赞叹""她的想法与别人不一样，给我们耳目一新的感觉"。无论是队友，还是对手，无论是参与者，还是观察者，"我"的一视同仁、不带偏见，为"我"的成长带来了心满意足的收获。

"我说完了，组长吴同学说：'李××，你这个问题非常好，是内容类的，但是你的答案可以结合文中的语句，说得再具体些。'"组长吴同学在文中虽然只有一句话，但他有很好的组织才能，能够具体指导组员把任务完成得更好。我们组有这样好的团队精神，能取得这样满意的成绩，离不开他的善于组织、善于鼓励和积极引导。从8个组的对决成绩可以知道，每个组的背后都有一位具有领导力的组长在营造良好的氛围和组内关系。

"心满意足"不仅仅是对自己满意，还有对别人满意，更有对整个学习环境满意，就让"心满意足"伴随学生的学习全过程吧。

快乐学习的秘诀——成功来之不易。

个案故事：快乐学习古诗词

今天早上，我一进教室，王老师发布了一个消息："今天的语文课，我们继续学习《古诗词三首》，但我们要用与以往不同的形式来学习。我们根据这三首诗词的内容分别想象出画面，然后把画面中的故事写下来，再到上面来讲，两两PK。投票多的同学为小组加10分，少的同学加6分；差不多的各加8分。"

我听了之后赶紧拿出教辅资料《跟我学语文》，可里面并没有现成的故事，我只好凭着自己的理解编写起来，先写《牧童》，接着写《舟过安仁》，最后是《清平乐 村居》，一气呵成。

准备OK之后，我转头对后面的徐同学说："今天我小命难保了，一定会抽到我的。"

上课了，先抽场次号，我们组是第一场。到了抽座位号了，我的心都快要跳出来了。

我想都没想，脱口而出："第三张！"

"1号同学，是你自己！"王老师翻出第三张卡片，把上面的"1"出示给我看。

"我最开心了，因为我准备充分。"我心里正想着，与我们组对阵的第六组抽到了高同学。我们都走上了讲台，"剪刀石头布"，她输了，按规则，我先讲她后讲，讲我们共同抽取的2号题——《舟过安仁》的故事。

"一天，诗人杨万里正走在一条小河旁，突然，他看见了一只小渔船，上面有两个小男孩，他们既没有用桨划船，也没有用篙撑船，只是撑着伞坐着。他感到很奇怪，于是就……"终于讲完了，我松了一口气。

"在一叶小渔船上，有两个小孩子，他们收起了竹竿，停下了船桨……"什么？高同学，我们不是讲诗的主要内容，应该讲《船过安仁》的故事好不好？

最后，我以高票战胜了高同学，为我们组赢得了 10 分。

今天的活动好有趣，这是从来没有过的，真的太好玩了！

快乐学习的秘诀——成功来之不易。小作者叙述了自己从接受任务开始，历经辛苦准备，到与对手比赛，最后取得成功的经历，觉得这样的学习是从来没有过的，真的太好玩了。如果成功来得轻而易举，没有挑战性，快乐的意义就不会如此深刻。透过小作者的几经辛苦，可以感受他的成功来之不易：

1. 早上，一进教室，就听见王老师发布了一个消息：语文课的活动内容是根据这三首诗词的内容想象出画面，然后把画面中的故事写下来，再到上面来讲，两两 PK。消息来得好突然啊！需要静下心来想想：当下该怎么做？

2. 迅速投入"战斗"——"赶紧拿出教辅资料《跟我学语文》，可里面并没有现成的故事，我只好凭着自己的理解编写起来。"断了依靠教辅资料的念想，谁也帮不了你，只能凭自己的实力奋力拼搏了。

3. "先写《牧童》，接着写《船过安仁》，最后是《清平乐村居》，一气呵成。"古诗词理解（概念）→头脑中浮现的画面（表象）→把头脑中的画面写下来（文字表达），认知加工需要调动所有的信息,并进行整理和组合,这是极其辛苦的脑力劳动。

4."今天我小命难保了,一定会抽到我的。""抽座位号了,我的心都快要跳出来了。"颇有危机感的紧张,承受这样的刺激需要有一定的心理能量。

5."我最开心了,因为我准备充分。"紧张的预感变成了现实,反而坦然接受了,心理调适需要有足够的弹性。

6."终于讲完了,我松了一口气。"故事讲完了,原先的紧张感荡然无存,要不是前面的尽力准备,哪有这一刻的轻松利落?

7."什么?高同学,我们不是讲诗的主要内容,应该讲《船过安仁》的故事好不好?"没有想到对手送来这么大的便宜,真是喜出望外啊!

"最后,我以高票战胜了高同学,为我们组赢得了10分。"这个结果看似轻松,但纵观全过程,实属不易。

阳光总在风雨后,用努力换来的胜利果实,问心无愧,快乐更加深刻,更加持久。

挑战艰苦,斗志昂扬。

个案故事:升级版口语交际

今天老师来了个"突击检查"似的活动。规则是根据昨天所学的古诗词想象出画面,再把画面转化为故事,并记在脑子里。然后每组抽出一个代表,八个小组的四对代表两两PK。讲得好的组加10分,不好的组加6分,差不多的组加8分。

教室里骚动起来,同学们有的惊讶,有的高兴,有的叹气……不一会儿就安静了下来,大家都在奋笔疾书,准备各自的故事了。

比赛马上开始了。先抽出场号，八个组的抽号结果是：

第一场：第二组对第六组；

第二场：第五组对第四组；

第三场：第八组对第一组；

第四场：第三组对第七组。

我们组是第三个出场。前面两场的同学都讲得很不错，我一边参考，一边修改自己头脑中的故事。时间过得很快，我们第三场马上要上场了，我们组由焦同学抽号，"第三张。"教室里很安静，我仿佛听到了自己的心跳，"扑通""扑通"……"7号同学！"哎呀！！！咦，天上有这么多小星星……居然抽中了我。

在走向讲台的那一刻，我忽然想到了一个必胜绝招——《牧童短笛》！这是钢琴曲中的一首复调旋律，悠扬，悦耳，把它融合到第一首古诗中，一定能获胜啊！哈哈哈……我不禁为自己的急中生智得意起来！

这不，就轮到我和对手陈同学决战了！剪刀石头布！第一次平局，第二次我输，呜~不过没关系，我来给你个后发制人！

紧接着抽内容了，正好抽到讲第一首诗《牧童》。耶！正中我的下怀！陈同学讲完了，轮到我发功了："天色已近黄昏，一位十来岁的牧童正骑着黄牛回家，他拿出那支心爱的笛子吹了起来。顿时，铺满绿草的田野上响起了悠扬的笛声：mi-re mi-sol-re mi-sol-mi-re……"同学们纷纷向我投来惊讶的目光，哈，必胜绝招如期收效！

最后，我们组得了10分，陈同学表现也挺出色，大家觉得应该给他8分。

真是个惊喜连连的"升级版口语交际"！

挑战艰苦，斗志昂扬。五上语文《古诗词三首》第二课时学习活动，就课堂而言，这是一次紧张的游戏；对玩家（学生）而言，这是一次艰苦的挑战。游戏的艰苦挑战给玩家带来了充沛的精力和高度的兴奋，让玩家们玩得不亦乐乎。

有研究证明：承担艰巨的挑战，比如用比平常更短的时间完成一项任务，我们就会产生肾上腺素，这种激素能让我们自信、精力充沛并且干劲十足。完成一件对我们而言极其困难的事情，比如解出谜题、跑完比赛，我们的大脑就会释放出甲肾上腺素、肾上腺素和多巴胺的强效混合物。这3种神经化学物质的组合，能让我们满意、自豪、高度兴奋。[1]

这次课堂效果印证了上面的研究结果。具体表现如下：

1. 任务突如其来。老师"突击检查"似的活动，是在同学们没有准备的情况下宣布游戏活动和规则的。"教室里骚动起来"是同学们听到任务后的第一反应，虽然每节语文课都有活动，可今天的活动太不同寻常了，惊讶，惊奇，惊喜，惊慌，或许还有惊吓……但高度兴奋是必然的！

2. 时间刻不容缓。从布置任务到比赛开始，准备时间大约是35分钟，此时说什么都没有用，只有动手做才是解决问题的办法，因此"不一会儿就安静了下来，大家都在奋笔疾书，准备各自的故事"。

3. 要求高。（1）"根据古诗词想象出画面，再把画面转化为文字，并记在脑子里。"是完成这次任务的步骤；（2）"然后每组抽出一个代表，八个小组的四对代表两两PK。"这就要求每个同学做好准备，因为都有可能代表小组出场参加比赛；（3）"谁说得好，谁加的分就多，赢的组加10分，输的组加6分，平局加8

分。"是评价和奖励规则,其中,"10分"是玩家们追求的目标。

4. 内容多。有三个故事:《牧童》《船过安仁》和《清平乐村居》,编写过程极具挑战性,是艰苦的脑力劳动。虽然艰苦,但还是可以完成的:前一堂课的学习内容历历在目,对这三首古诗词的理解已有基础,头脑中的图像越来越清晰了。"看"着这些"图",写下图中的故事,这是低年级时已具备的基本功,努力一把还是可以很快完成的。

5. 责任重。被抽到的同学,将代表整个组去参加比赛,谁会被抽到呢?不知道。只知道自己是有可能会被抽中;即使知道自己会被抽中,也不知道会讲三个故事中的哪一个,因此这三个故事,一个也不能落下。

6. 压力大。代表小组出场参赛的同学要当着全班同学的面把故事有条理地讲出来,最好能做到自然大方,声音响亮,甚至声情并茂。虽然都是平时口语交际的基本功,但这样即兴准备,即兴演讲还是头一遭啊!因此,小作者在文章结尾处惊叹:真是个惊喜连连的"升级版口语交际"!

文中的"我"毫无疑问地为小组挣了"10分",按规则"陈同学"只能得"6分",但他确实也讲得很出色,最后大家一致同意破例给他们组加"8分"。五年级的孩子,能量无限啊!个个都是这次游戏的高手,在具有挑战性的任务面前,斗志昂扬,愈战愈勇,着实令人惊叹!游戏真是个能挖掘人的学习潜能的好东西!

【注】①《游戏改变世界》,【美】简·麦戈尼格尔著。

"重要的是过程,而不是结果。"

难忘《晏子使楚》

两星期前的一天,王老师宣布:课文《晏子使楚》要排成课本剧表演;八个组,八个剧本,八场表演,还要评比,比出哪个组表演得最精彩。于是我们忙开了。

(一)编写剧本

王老师给了我们两个午休的时间来编写剧本。接到这个任务后,组长裘×晨把我和陶×涛分成了一组,专门去写齐王派晏子出使楚国这一片段的剧本。因为我自己主动要求演晏子,所以在写剧本时十分投入。结果短短的两百多个字,让我足足思索了四十分钟,还改来改去,最后才定稿。两天后,我们组的初稿已经完成,周末两天由蒋×飞负责修改,定稿,打印。周一发给我们每人一份。

剧本分成五个部分:1. 齐王派晏子出使楚国。2. 楚王和大臣们商量要让晏子难堪。3~5. 晏子用语言巧妙应对楚王的三次为难。剧本中我要演晏子,蒋×飞演楚王,陶×涛演齐王,剩下三人跑龙套。

(二)排演剧本

排演十分辛苦,我是主角就更辛苦了。我基本上每一次大课间都要被组长叫去排演,光第一部分——齐王派晏子出使楚国这一段，就排了十几次，最后连走路时的姿势都有规定。

排演也是十分有趣的，比如在演"楚王说：'难道齐国没有人了吗？'"时，蒋×飞说成了："难道楚国没有人了吗？"我就顺口接了一句："对，我一入楚国，一路上见到的全是狗，没见到一个人！"结果引得我们组六个人哈哈大笑。

一周多的时间里，只要有空，我们组除了排演，还是排演，好容易盼到了表演剧本的时候了。

（三）表演剧本

马上要表演了，王老师让我们把课桌都退了下去，大半间教室成了舞台。看完了第一组的演出，该我们上台了，组长裘×晨打开第一张PPT，出示人物表。

接着，切换场景：齐国王宫。齐王陶×涛说："近来晋国对我们齐国步步相逼，我们是不是应该与楚国修好？众爱卿说说你们的意见。"我上前一步，躬身作揖，说："陛下，臣愿意效劳！"……

场景二：楚国王宫。"听说来出使我国的是晏子，诸位帮我想想办法，怎样才能显显我楚国的威风？"楚王蒋×飞从容地说。"听说这晏子身材矮小，不如在晏子入城门时借他身材矮小来侮辱他一番，如何？"……

演出有条不紊地进行着，没有一个忘词的，圆满成功！

但山外有山，我们组的不是分数很高，只得了个三等奖。不过，在两个星期的准备中，我早已把成绩看淡了，重要的是过程，而不是结果。

这次《晏子使楚》的表演让我难忘！

"重要的是过程，而不是结果。"过程与结果是相辅相成的，过程是事物发展所经过的程序、阶段，而结果是在某一阶段内，事物达到最后的状态。本文的小作者为什么说"在两个星期的准备中，我早已把成绩看淡了，重要的是过程，而不是结果。"因为两个星期的准备过程中，"我"投入了，尽力了，学到了，成长了，虽然得了个三等奖，但没有遗憾！让我们来盘点一下小作者在两个星期的准备中所得到的收获：

1. 写稿绞尽脑汁，任务完成顺利。"组长裘×晨把我和陶×涛分成了一组，专门去写齐王派晏子出使楚国这一片段的剧本。""我十分投入。结果短短的两百多个字，让我足足思索了四十分钟，还改来改去，最后才定稿。"什么是"斟字酌句"？小作者的体验胜过平时的练习。

2. 排演牺牲课间，细节周密演练。"排演十分辛苦，我是主角就更辛苦了。我基本上每一次大课间都要被组长叫去排演，光第一部分——齐王派晏子出使楚国这一段，就排了十几次，最后连走路时的姿势都规定了。"什么是演出的"细节"？不仅仅是说什么话，有什么样的表情，还有什么样的动作，包括走路的姿势。"细节决定成败。"小作者在实践中的感受一定十分深刻。

3. 排演互动有趣，机智幽默逗笑。"排演也是十分有趣的，比如在演楚王说'难道齐国没有人了吗？'时，蒋×飞说成了：'难道楚国没有人了吗？'我就顺口接了一句：'对，我一入楚国，一路上见到的全是狗，没见到一个人！'结果引得我们组六个人哈哈大笑。"什么是"辛苦并快乐"？"独乐乐不如众乐乐"，利用队友蒋×飞的口误，迅速作出幽默的反应，创造了特有的"巅峰时刻"。

4. 演出配合默契，功夫水到渠成。"看完了第一组的演出，该我们上台了，组长裘×晨打开第一张 PPT，出示人物表。""接着，切换场景：齐国王宫。""场景二：楚国王宫。""演出有条不紊地进行着,没有一个忘词的,圆满成功!"什么叫"付出才有回报"?没有两个星期的辛苦排练,哪有今天的顺顺当当?经历了,明白了。

5. 结果不尽如人意,内心已经释怀。"但山外有山,我们组的不是分数很高,只得了个三等奖。不过,在两个星期的准备中,我早已把成绩看淡了,重要的是过程,而不是结果。"什么叫"山外有山"?我们组在努力,在合作,别的组也和我们一样啊,说不定比我们组付出了更多的努力!是比赛总会有输赢,我们已经尽力了,虽然没有得到那个想要的结果,这并不能说明眼前的这个结果是不好的,至少我们没有遗憾!

以上几点是小作者的显性收获,小作者可能还会有很多的"隐性"收获,如:观察到组长是如何带领大伙儿完成任务的;全组成员是如何合作的,包括稿子的修改,打印,发放;PPT制作、放映的效果怎么样;道具的制作和使用等等。这是一次课堂表演,也是一次实践活动。"实践出真知",随着年龄的增长,小作者心中的这些种子一定会发芽,成长!

动机影响人愿意投入学习的时间。

个案故事:准备问答《猴王出世》

"哎呀!明天要进行《猴王出世》的课堂问答,我还没想过要提的问题和可能回答的问题答案呢。"

"赶快准备呀,而且要准备齐全!"晚上7点,我边一惊一乍地嚷着,边疯狂地打开电脑,我得抓紧时间开工呢!

进入百度,打入"猴王出世问题",一搜……唉,网速真慢!

破电脑。我用力拍打电脑，哈，这招真灵，来了！我饿狼似的贪婪地寻找着，可是没有一个靠谱的问题。

我心急火燎地冲着老爸喊道："老爸，你这电脑该升级了，怎么连个问题都搜不到。"

"啥问题呀？"

"对课文《猴王出世》提出问题。"我报出了要搜的问题。

"这个好办，你可以用'猴王出世PPT'试试，或许能找到一些问题吧。"

"咦，也对呀……榆木脑瓜！"

我马上打入"猴王出世PPT"，一搜……唉，网速还是很慢。来喽！这回我放慢了速度，地毯式地查阅每一张PPT，啊！找着了一个：请问石猴是从哪里来的？谈谈你对石猴的最初印象。嗨，这个好啊，快点记下来！我心里催促着，马上动起笔来。

我接着翻，又发现了一个好问题：石猴是怎样成为美猴王的？你最喜欢故事的哪个部分？这个紧接着上面的那个，也记下来吧。

我再接着点，这个也很好呀：你觉得文中哪句话把石猴写得活灵活现了？

再找一个价值类的问题吧，这个挺合适的：美猴王不只是一只猴子，更像一个人，你觉得他的哪些品质值得我们学习？

就这样，点呀点，记呀记，快到8点了，我总共记下了6个题目。我又把答案一个一个写在问题下面。快9点了，我非常满意地记完了所有的问题及答案。

途中，妈妈叫了我N次"好了没呀？""睏勿睏哉（方言）？"我就漫不经心地回答她N次："快了快了！""当然要睡的！"

虽然这次查问题查到"一进床就睡"的程度，但我收获着，也快乐着！

动机影响人愿意投入学习的时间。本文作者"我"从晚上7点开始，心急火燎地打开电脑，地毯式地查阅问题，并记录，一个个地把答案写到问题下面，"收获着，也快乐着"地忙到9点。如此强烈而又长时间的学习动机是从哪里来的？

首先，人天生就具有发展能力和解决问题的动机。语文课堂的评价体系包含了以奖赏为主的积分制，这是有效激发学生个体的学习动机外在因素。尽管外部的奖赏和惩罚会对行为产生明显的影响，人们还是比较关注内在缘由。

其次，适中的挑战难度可以诱发和维持学习动机：太容易的任务使人厌烦；而太难的任务又会产生挫折感。就一篇课文的学习，提出问题和解答问题的任务对学生来说挑战难度是比较适中的：学生手头有各种教辅资料，加上只要上网一搜，所需的资料应有尽有，这为任务的完成提供了方便；难的是面对层出不穷的信息，要进行筛选、归类和梳理，选择那些最能使自己出色完成任务的信息，组织语言，做好备忘录。

此外，面对困难时，学习者的学习坚持主要受其"行为定向"或"学习定向"的严重影响（Dweck，1989）。以学习定向的学生喜欢新的挑战，而以行为定向的学生对出错的焦虑远远超过学习。但学习定向或行为定向并非一个人所固有的特点，它会因学科的不同而不同。无论是行为定向，还是学习定向，坚持是他们的共同特点，所以"我"即使累到"一进床就睡"也觉得有收获并快乐着。

再是社交机会也会影响学习动机。据《人是如何学习的》[①]书中论证：人们想要对别人做些有益的事情的想法似乎尤其能激发人的动机（Schwer et al，1999）。学习者在看到他们所学东西的用途以及发现他们能用信息影响别人——尤其是地方社群时,所有年龄的学习者都具有较强的学习动机(McCombs, 1996; Pintrich and Schunk, 1996)。有研究者让一所市中心学校 6 年级学生向一位匿名采访者讲述在过去的一年中他们所做过的最精彩的事情,也就是他们引以为自豪的、成功或有创造性的事情(Barron et al, 1998)时,他们经常提到能产生强烈的社会效果的事情,如:辅导比他们年龄小的孩子,学习向校外的听众演讲,学会有效的团队合作等。许多学生所提及的活动涉及大量艰苦的劳动,例如,为了得到游乐场的设计机会,他们不得不学习几何学和建筑学,他们还必须向校外的专家们解释他们的设计图。

明天的课堂问答,"我"要把自己准备的东西讲给同学们听,让大家一起分享"我"的学习成果,这是多么自豪的事啊!这种美好的社交机会让"我"非常愿意投入长时间的学习。

内在固有的动机,加外在诱人的评价,加适当的难度,加社交的机会,多种因素叠加,极大地激发学习者的学习动机,像玩游戏一样欲罢不能,几乎到了废寝忘食的程度。游戏化语文课堂的功能是不是太强了?因为无论是"行为定向",还是"学习定向",给学生带来的坚持也许会影响他们正常的睡眠时间。

【注】①《人是如何学习的》,【美】约翰·D·布兰思福特等编著,程可拉、孙亚玲、王旭卿译。

新版本，新刺激，高热情，高效率。

个案故事：新版！课堂问答6.0

"5号！"还没等别人反应过来，一个身影猛地从座位上蹦了起来，大家呆愣了好一会儿，忽然又笑道："尉×杰，5号是孙同学！"……

昨天，王老师"蓄谋已久"，"古灵精怪"地推出了新一代课堂问答——对答。所谓对答，仍是两组PK，只是在抽好对答题型后，大家各自准备，课堂中不再有提问，直接把准备好的内容展示出来。当然，出场的同学还是由抽号决定。无疑，这是一种既新颖又有难度的版本，好了，拭目以待吧！

我们组与第四组都抽到了"价值类"的题型，回到家，我飞也似的准备起来，读课文，翻笔记，查百度。我打算从写作特色和生活感悟这两方面谈自己的收获，我又细细地读了几遍课文，针对第三段"老桥"和第六段"落花"这两个片段，从视觉、听觉和嗅觉的角度作了细致的分析，感受到了作者用心观察大自然，"物我交融"的写作方法值得我们学习，便迅速记了下来。之后。我又上网百度，查阅了有关人们对大自然，对动植物保护的情况，联系自己的生活经历，举例说明了我们绍兴的一些古村落保护完好，村民们在山清水秀，鸟语花香的环境中生活的美好场景。写完后，我又仔细地读了几遍，还不错，但愿老天保佑，明天抽到我吧！

今天早上，我把组员们召集到一起，他们都拿出了准备的内容，个个书上都贴好几张写得密密麻麻的便笺纸，看来我们今天赢定了!

上课了,令人期待的新版课堂问答终于到来了,我心里有一点激动,也有一点紧张。前面六个组的三轮比试,各有千秋,有输有赢。轮到我们组抽号了! 抽号的丁同学毫不犹豫地说:"第三张!"王老师翻出第三张卡片:"5号!"忽然,我浑身一震,兴奋液冲上脑门,全身热血沸腾,"砰!"不受控制地,条件反射似的蹦

图为课前准备时所贴的便笺纸

了起来,忽又看见前面的孙同学好像意识到了什么,整个人站起来又坐了下去。全班早已一阵哄笑。咦,我糗大了! 谁让我以前是5号呢? 不过听到孙同学与第四组的高同学PK时,把自己对课文的理解和领悟到的内容一一表达了出来,觉得也很不错。

王老师看到了我的"窘态",让同学们给我一次上台的机会,于是我把昨晚准备的成果亮了出来,着实让我"爽"了一把!

这第一次新版的课堂问答,让我明白了即使你准备了,但没有抽到,也不用灰心。无论内容类和形式类,还是情感类和价值类,每一次动笔准备,写下的都是自己真正学到的东西。一课一写,一步一个脚印,三十二篇课文三十二个脚印,一个学期,我们将会真正走进课文,把书读透,把书读厚。倘若有机会,我们把自己的收获分享给全班同学,让同学们也有所收获,不也是快乐的事吗?

我收获了,你收获了,大家都收获了,一举多得,课堂问答

6.0新版，真是好处多多！

新版本，新刺激，高热情，高效率。题目《新版！课堂问答6.0》，就是课堂游戏规则有了改变，6.0是指游戏的版本已经升级到第6套了。这个故事发生在六年级上第1课《山中访友》的阅读成果展示课堂里。本文作者叙述的是第一次实施6.0版本的学习过程，字里行间洋溢着小作者高涨的学习热情，抑制不住的自信和强烈的幸福感。

6.0版的游戏规则是在5.0版的基础上晋级的："仍是两组PK，只是在抽好对答类型后，大家各自准备，课堂中不再合作讨论，也不再有提问，直接把准备好的内容展示出来。当然，出场的同学还是有抽号决定。无疑，这是一种既新颖又有难度的版本。""大家各自准备"意味着每个同学独自面对抽到的题型，独立寻找解决问题的方法和途径，独个代表全组同学上台展示阅读成果。这是一项十分艰苦的工作：需要付出脑力；需要深入探索；需要勇于创造。

正是这个游戏难度，唤起了"我"一系列的积极情感和积极行为：

激情："我飞也似的准备起来，读课文，翻笔记，查百度。"

高效：从"打算从写作特色和生活感悟这两方面谈自己的收获"，到行动"细细地读了几遍课文"，"作了细致的分析"，"迅速记了下来"，上网"查阅"，"联系自己的生活经历"，"举例说明"，"写完后，我又仔细地读了几遍"，整个过程一气呵成。

自信："还不错，但愿老天保佑，明天抽到我吧！"

责任："今天早上，我把组员们召集到一起"，看到大家都准备得很充分，觉得"我们今天赢定了"！

兴奋："浑身一震，兴奋液冲上脑门，全身热血沸腾，'砰！'不受控制地，条件反射似的蹦了起来。"

得意："于是我把昨晚准备的成果亮了出来，着实让我'爽'了一把！"

释然："没有抽到，也不用灰心。""每一次动笔准备，写下的都是自己真正学到的东西。一课一写，一步一个脚印，三十二篇课文三十二个脚印，一个学期，我们将会真正走进课文，把书读透，把书读厚。"

快乐："倘若有机会，我们把自己的收获分享给全班同学，让同学们也有所收获，不也是快乐的事吗？"在"对答课堂"里，这个机会是一定会有的，"对答课堂"比"问答课堂"节省了很多时间，在对答完成后的时间里，老师一定会让愿意分享的同学把自己的阅读成果与全班同学分享。分享是快乐的，这也是游戏化课堂的活动目标之一。

6.0版语文课堂让学习变得更加美好：有了更加现实的价值——"我收获了，你收获了，大家都收获了"，真正提升了语言技能水平；有了可持续的参与动力——"蓄谋已久"、"古灵精怪"，新版本游戏的刺激，激发了个体参与课堂活动的斗志；保持人人参与的激情——"他们都拿出了准备的内容，个个书上都贴了好几张写得密密麻麻的便笺纸"无论是课前准备，还是课堂展示，都全情投入当下，"输"和"赢"都很享受；获得认知盈余的红利——人人都拥有分享的能力，让快乐更持久，让幸福成为一种习惯。

幸福学习的最高形式：紧张、快乐的投入+情绪奖励。

个案故事：一种奇妙的课堂感受

班上有同学说王老师是"软件开发人"，我们是员工与"软件试用人"。这话说得不错，今天的语文课上，我就深深地感受到了。

这节课是《唯一的听众》的课堂问答，抽号决定采用1.0版本，也就是问答开始之前，小组里根据抽到的题型先讨论10分钟。可不，钟同学那"神圣之手"抽中了"5"号题——情感类的提问。其实吧，对于底气不足的同学来说，提问不是好题型，因为在对方组回答后要全面总结；对准备充分的同学来说，提问却是好事，因为在总结时可以把自己准备的材料展示出来，分享给全班同学。

这次，还只是在讨论的时候，我就有点儿紧张，明明还没有抽中我呢，怎么就莫名其妙地紧张，我不由得加快了补充资料的速度。

10分钟的讨论很快过去了，内容类和形式类的对阵也结束了，马上就轮到我们与第四组PK了。在抽号的时候，我突然感觉骨子里有一股电流穿过，有种，呃，毛骨悚然的感觉。

"第……一张！"这种感觉越来越强！

"3号同学！"毛骨悚然的感觉顿时烟消云散。我脑海闪过一万个"Excuse me？"才站了起来，心中竟有些泰然。

我怀着满满的自信，扬起嘴角："请第四组同学听题：课题《唯一的听众》，你是怎么理解的？请联系课文说一说。"虽然声音有点儿颤抖，但大家一定都听见了吧！可望了望第四组的同学，一个个都是惊吓脸和思考脸。喂喂喂，我还没吓趴呢，你咋就先倒地上了？我只好把题目重复了一遍。可是，第四组还是没有人举手。我就随口点了陈同学，他说他还没想好，让其他同学先说吧。我就请朱同学来回答。

果然如我所料，他简单明了地开了个小头："我的理解是这样的：在'我'练琴的过程中，老教授是'我'唯一的听众，她给'我'的帮助也是唯一的。"

后面的同学也都缓了过来，接二连三的回答让大家频频点头。等最后一个同学回答完毕，我收起了有点抽搐的微笑，开始一本正经地总结："我对《唯一的听众》这个题目的理解有三层的意思：一是表示数量少，只有一个，便是装'聋'的老教授，只有她每天都来听我拉琴；二是表示珍贵、独特，与家里人的不支持相比，正是老教授的鼓励，才使我变得自信与大胆；三是与后文的文艺晚会上演出时有成百上千的观众相照应，学拉小提琴时，只有老教授这个唯一的听众。总之，这个题目表达了'我'对老教授的善良、无私、懂'我'的永远铭记和永远感激！"至此，我说出最后一句话"我的总结完毕"时，已淹没在掌声之中。

我心中洋溢着一种叫"自豪"的感觉，虽然提问和总结的内容不全属于我——是讨论的时候车组长提议，全组同学讨论并确定的。刹那间，我明白了很多：我明白了老师"开发软件"的理由；我明白了学习是为了什么；我明白了掌声里面有什么；我明白了……我明白了……

这一种奇妙的课堂感受，让我一下子明白了许多。

幸福学习的最高形式：紧张、快乐的投入+情绪奖励。不知道什么时候，同学们把王老师说成是"软件开发人"，他们是员工与"软件试用人"，还真是！说得确切一点，应该是：王老师是语文课堂游戏软件开发人，我们都是这个游戏的玩家。

玩游戏当然是快乐的，但它需要玩家全身心投入，时刻保持警惕，不然就会输掉，所以也是紧张的。本文作者叙述了自己参与《唯一的听众》第二课时课堂学习的经历，表达了这次学习过程带来的奇妙感受。"奇妙"是"我"当时感受的概括，里面的感情是很丰富的：有刺激，有紧张，有担心，有害怕，有欣喜，有兴奋，有激动，有释然……还有些许的幸灾乐祸，更有强烈的自豪感。这里就幸福学习最高形式的要素：紧张、快乐和情绪奖励做一点分析。

整个参与过程中，"我"的紧张点有多个：1. 抽版本——版本决定课堂学习的形式，是合作还是独立；2. 抽题型——"5"号题，情感类的提问，提问不是好题型，因为在对方组回答后要全面总结；3. 有预感——"明明还没有抽中我呢，怎么就莫名其妙地紧张，我不由得加快了补充资料的速度。"4. 抽代表——突然感觉骨子里有一股电流穿过，有种毛骨悚然的感觉；5. 当堂提问——向对方同学发问，声音有点儿颤抖；6. 总结收尾——收起有点抽搐的微笑，开始一本正经地总结。

但紧张也带来了快乐，与紧张相对应的快乐点也很多：1. 采用1.0版本，小组内可以先讨论10分钟；2. 对于准备充分的同学来说，提问却是好事，因为在总结时可以把自己准备的材料展示出来，分享给全班同学；3. 当确定是"我"代表小组出场时，反而没有一点紧张，毛骨悚然的感觉顿时烟消云散，心中竟有些泰然；4. 看到对手都是惊吓脸和思考脸，"喂喂喂，我还没吓趴呢，你们咋就先倒地上了？"原来你们比我还紧张啊；5. 等对方组同学回答完毕，终于轮到我展示了；6. 说出"我"最后一句话"我的总结完毕"时已淹没在掌声之中。

　　随之而来的情绪奖励——自豪感爆棚，让"我"幸福到了极点。这自豪属于"我"，"我"为团队发挥了独特而重要的作用，无比光荣和满足。这自豪也属于我们团队，因为"虽然提问和总结的内容不全属于我——是讨论的时候车组长提议，全组同学讨论并确定的"，文章结尾的许多个"明白"是自豪和兴奋带来的"思如泉涌"。

　　在此，"软件开发人"王老师也为他们的快乐而快乐，为他们的幸福而幸福！

参考文献

〔1〕教育部,《义务教育语文课程标准》(2022年版)北京师范大学出版集团

〔2〕教育部,《中小学心里健康教育指导纲要》(2012年修订)

〔3〕高玉祥,《认知心理学》,辽宁大学出版社,2000

〔4〕江光荣,《心理咨询与治疗》,安徽人民出版社,2001

〔5〕高玉祥,《个性心理学》,北京师范大学出版社,2002

〔6〕郑全全,《社会心理学》,浙江大学出版社,2003

〔7〕郭念锋,《心理咨询师》,民族出版社,2005

〔8〕吴增强、沈之飞,《班级心理辅导》,上海教育出版社,2001

〔9〕樊富珉,《团体咨询的理论与实践》,清华大学出版社,1996

〔10〕【美】Judith S. Beck 著,张怡、孙凌、王辰怡等译,《认知疗法基础与应用》(第2版),中国轻工业出版社,2015

〔11〕【美】Peter De Jong lnsoo Kim Beng 著,沈黎、吕静淑译,《焦点解决短期治疗导论》,华东理工大学出版社,2015

〔12〕【美】迈克尔·D. 斯宾格勒、戴维·格雷蒙特著，胡彦玮译，《当代行为疗法》，上海社会科学院出版社，2017

〔13〕【美】约翰·D·布兰思福特等编著，程可拉、孙亚玲、王旭卿译，《人是如何学习的》，华东师范大学出版社，2021

〔14〕【美】简·麦戈尼格尔著，闾佳译，《游戏改变世界》（经典版），北京联合出版公司，2020

〔15〕【美】David R. Shaffer & Katherine Kipp 著，邹泓等译，《儿童与青少年发展心理学》（第九版），中国轻工业出版社，2021